i libri di **t***errasanta*

6

*Per informazioni sulle opere pubblicate
e in programma rivolgersi a:*

Edizioni Terra Santa
Via Giovanni Gherardini, 5 - 20145 Milano
Tel. +39 02 34592679
Fax + 39 02 31801980
http://www.edizioniterrasanta.it
e-mail: editrice@edizioniterrasanta.it

a cura di
Cristina Uguccioni

Ma non vincerà la notte

Lettere ai cristiani perseguitati

edizioni terra santa

A supporto della Custodia di Terra Santa

Tutti i proventi di questa pubblicazione saranno destinati
ai progetti di *ATS Pro Terra Sancta*, ong della Custodia di Terra Santa,
a sostegno dei cristiani siriani. Per informazioni:
www.proterrasancta.org

Copertina di Elisabetta Ostini
(foto di Oleg Gekman/Shutterstock)

Finito di stampare nel novembre 2015
da Corpo 16 s.n.c. - Modugno (Ba)
per conto di Fondazione Terra Santa

ISBN 978-88-6240-386-3

Introduzione

Quotidianamente gli organi di informazione riferiscono di brutali violenze, discriminazioni, prepotenze subite in molte aree del mondo dai cristiani, perseguitati per il solo fatto di essere cristiani. Il fenomeno ha assunto dimensioni drammaticamente imponenti: «Sono convinto che la persecuzione contro i cristiani oggi sia più forte che nei primi secoli della Chiesa. Oggi ci sono più cristiani martiri che a quell'epoca» ha detto e continua a ripetere papa Francesco richiamando l'attenzione dei fedeli e della comunità internazionale sulle terre che «grondano lacrime». Insieme alla denuncia di questo fenomeno «che il mondo cerca di nascondere», si moltiplicano – negli interventi del Papa – gli appelli appassionati alla preghiera per questi fratelli e sorelle ingiustamente colpiti, «per i tanti "Stefano" che ci sono nel mondo», e per tutte le minoranze religiose vittime di violenze e sopraffazioni[1]. Già prima di lui Benedetto XVI constatava dolorosamente che «anche questo XXI secolo si è aperto nel segno del martirio».

[1] Ricordiamo anche la Lettera che papa Francesco, il 6 agosto 2015, ha indirizzato ai cristiani perseguitati che hanno trovato rifugio in Giordania.

E, invitando tutti alla preghiera, osservava: «Quando i cristiani sono veramente lievito, luce e sale della terra, diventano anche loro, come avvenne per Gesù, oggetto di persecuzioni; come Lui sono "segno di contraddizione"». In questi anni sono stati pubblicati libri e studi, redatti da organizzazioni internazionali, che indagano e analizzano il fenomeno secondo diverse prospettive[2]. Pensiamo, ad esempio, all'ultima edizione del Rapporto sulla Libertà Religiosa nel Mondo della Fondazione pontificia Aiuto alla Chiesa che Soffre[3], che esamina le violazioni subite dai fedeli di ogni credo, non solo dai cristiani. Dal Rapporto emerge che il rispetto della libertà religiosa nel mondo continua a diminuire: nel periodo compreso tra ottobre 2012 e giugno 2014, dei 196 Paesi analizzati, in ben 116 (quasi il 60%) si registra «un preoccupante disprezzo per la libertà religiosa». Il Rapporto presenta una graduatoria che suddivide i Paesi in quattro categorie in base al grado di violazione: elevato, medio, preoccupante, lieve[4]. Quelli nei quali si registra un grado "elevato" sono numerosi: in molti – spiega il Rapporto – la persecuzione «è a sfondo religioso ed è legata all'estremismo

---

[2] Fra i volumi usciti di recente segnaliamo *Il libro nero della condizione dei cristiani nel mondo*, a cura di Jean-Michel di Falco, Timothy Radcliffe, Andrea Riccardi, Mondadori, Milano 2014.

[3] Il contenuto dettagliato del Rapporto e informazioni sulla Fondazione sono disponibili nel sito www.acs-italia.org.

[4] Come sottolinea il Rapporto, la classifica è indicativa poiché, ovviamente, i fattori che condizionano la libertà religiosa sono molto variabili e poco si prestano a una valutazione oggettiva. La classifica è stata realizzata prendendo in considerazione gli episodi di violenza a sfondo religioso e indicatori diversi quali il diritto alla conversione, a praticare la fede, a costruire luoghi di culto e a ricevere un'istruzione religiosa.

islamico», in altri «è perpetrata da regimi autoritari». Di questo triste elenco fanno parte Paesi quali «Iraq, Siria, Libia, Egitto, Nigeria, Pakistan, Afghanistan, Iran, Arabia Saudita, Somalia, Sudan, Yemen, Corea del Nord, Myanmar, Vietnam, Cina». Ancora una volta, sottolinea il Rapporto, «i cristiani sono il gruppo religioso maggiormente perseguitato». E l'Asia si conferma il continente dove la libertà religiosa è maggiormente violata.

La drammatica sorte di migliaia di uomini e donne perseguitati e uccisi solo per la loro appartenenza a Cristo ha fatto nascere in me l'idea di questo libro, il cui intento è far giungere a questi nostri fratelli e sorelle, ovunque essi si trovino, la preghiera, l'affetto profondo, la gratitudine, il sostegno e l'ammirazione grande e non formale della Chiesa italiana. Il modo più giusto mi è parso quello della *Lettera aperta*: cristiani che dall'Italia, con semplicità e autenticità di sentire, scrivono ad altri cristiani lontani. Questo libro quindi non presenta una documentazione dettagliata – Paese per Paese – delle violenze e delle prevaricazioni, non offre analisi politiche né riflessioni sistematiche sulla libertà religiosa, il suo fondamento teologico e le sue implicazioni sociali. È un libro di legami e affetti.

Alcune parole per illustrarne la struttura: un capitolo, il seguente, presenta una piccola selezione di testi ripresi dagli organi di stampa: sono voci che ci consegnano il dolore, le fatiche, le speranze, la buona testimonianza di uomini e donne ingiustamente perseguitati. Sono voci che, pur restituendo solo in minima parte i drammi vissuti, costituiscono un grido – insieme dolente e fiero – rivolto a ciascuno di noi.

Il capitolo successivo raccoglie le Lettere, la cui redazione ho voluto affidare a persone che appartengono a diversi volti della Chiesa italiana, andando così a comporre una coralità intenzionata a rendere percepibile, almeno in qualche modo, il lavoro bello dello Spirito, che generando e rigenerando la Chiesa suscita e fa vivere la diversità e la molteplicità dei carismi.

Ho espresso all'editore il desiderio di devolvere i nostri proventi a favore di quanti, nel nome di Cristo, sono costretti a vivere in condizioni difficili e talora disperanti, bisognosi di tutto: l'editore mi ha proposto, e io ho accettato, di destinarli – tramite la Fondazione Terra Santa – a favore dei frati francescani della Custodia di Terra Santa, in particolare a quanti operano nella martoriata Siria, per progetti di aiuto alle comunità cristiane. Altre singole persone, associazioni, istituzioni stanno lavorando per raccogliere e portare aiuti: tutte queste iniziative fanno parte dei molteplici sforzi avviati per sostenere le vittime e alleviare le loro sofferenze. Sono sforzi che, ripete papa Francesco, occorre moltiplicare – insieme a un deciso impegno politico e diplomatico della comunità internazionale – squarciando l'ingiustificabile, colpevole indifferenza che l'Occidente ha calato come nera cappa su queste violenze.

Carissimi fratelli e sorelle perseguitati,
questo libro è per voi: spero possa essere una carezza
sui vostri volti belli e coraggiosi.

Come agnelli in mezzo ai lupi

Chi ci separerà dunque dall'amore di Cristo?
Forse la tribolazione, l'angoscia, la persecuzione, la fame,
la nudità, il pericolo, la spada? Proprio come sta scritto:
Per causa tua siamo messi a morte tutto il giorno,
siamo trattati come pecore da macello.
Ma in tutte queste cose noi siamo più che vincitori per virtù
di colui che ci ha amati. Io sono infatti persuaso che né morte
né vita, né angeli né principati, né presente né avvenire,
né potenze, né altezza né profondità, né alcun'altra creatura potrà
mai separarci dall'amore di Dio, in Cristo Gesù nostro Signore.
(Rm 8,35-39)

Il grido dei piccoli che confidano nel Signore si leva sino al cielo. Le cronache ce ne restituiscono frammenti.

Pakistan

Nel mio Paese, il Pakistan, i cristiani sono una piccola minoranza molto povera ed emarginata. La fede in Gesù, l'amore per il Vangelo, l'unità con la nostra madre Chiesa sono la nostra sola ricchezza. Come discepoli di Gesù vogliamo essere uomini di pace, in dialogo con i nostri fratelli musulmani e delle altre religioni, vogliamo testimoniare con l'amore e la misericordia che la nostra fede è in Gesù. È stata questa la testimonianza di mio fratello minore Shabhaz, che ha dato tutta la sua vita per il Vangelo.

Noi cristiani del Pakistan non lasceremo che le prove e le difficoltà rubino la speranza che è fondata sull'amore di Gesù e sulla fede dei martiri, ma continueremo a testimoniare il Vangelo della mitezza, del dialogo, dell'amore.

Questa è la nostra fede e per questa fede noi vogliamo vivere e, se necessario, anche morire come mio fratello Shabhaz. Cari amici, chiedo a voi tutti dal profondo del mio cuore la vostra vicinanza nella comunione e nella preghiera ai nostri cristiani, a tutto il popolo del Pakistan: questo ci dà forza e ci libera dalla paura.

Paul Bhatti, *fratello di Shabhaz Bhatti, ministro per le Minoranze religiose, ucciso a Islamabad il 2 marzo 2011.*

Mi chiamo Asia Noreen Bibi. Scrivo agli uomini e alle donne di buona volontà dalla mia cella senza finestre, nel modulo di isolamento della prigione di Sheikhupura, in Pakistan, e non so se leggerete mai questa lettera. Sono rinchiusa qui dal giugno del 2009. Sono stata condannata a morte mediante impiccagione per blasfemia.

(…) Sono sposata con un uomo buono che si chiama Ashiq Masih. Abbiamo cinque figli, benedizione del cielo: un maschio, Imran, e quattro ragazze, Nasima, Isha, Sidra e la piccola Isham. Voglio soltanto tornare da loro, vedere il loro sorriso e riportare la serenità. Stanno soffrendo a causa mia, perché sanno che sono in prigione senza giustizia. E temono per la mia vita. Un giudice, un giorno, è entrato nella mia cella e, dopo avermi condannata a una morte orribile, mi ha offerto la revoca della sentenza se mi fossi convertita all'islam. Io l'ho ringraziato di cuore per la sua proposta, ma gli ho risposto con tutta onestà che preferisco morire da cristiana che uscire dal carcere da musulmana. «Sono stata condannata perché cristiana – gli ho detto –. Credo in Dio e nel suo grande amore. Se lei mi ha condannata a morte perché

amo Dio, sarò orgogliosa di sacrificare la mia vita per Lui».
(...) Prego in ogni momento perché Dio misericordioso
illumini il giudizio delle nostre autorità e le leggi ristabili-
scano l'antica armonia che ha sempre regnato fra persone
di differenti religioni nel mio grande Paese. Gesù, nostro
Signore e Salvatore, ci ama come esseri liberi e credo che
la libertà di coscienza sia uno dei tesori più preziosi che il
nostro Creatore ci ha dato, un tesoro che dobbiamo pro-
teggere. Ho provato una grande emozione quando ho saputo che il Santo Padre Benedetto XVI era intervenuto a
mio favore. Dio mi permetta di vivere abbastanza per andare in pellegrinaggio fino a Roma e, se possibile, ringra-
ziarlo personalmente. (...) Penso alla mia famiglia, lo fac-
cio in ogni momento. Vivo con il ricordo di mio marito e
dei miei figli e chiedo a Dio misericordioso che mi permetta di tornare da loro. Amico o amica a cui scrivo, non
so se questa lettera ti giungerà mai. Ma se accadrà, ricorda-
ti che ci sono persone nel mondo che sono perseguitate a
causa della loro fede e – se puoi – prega il Signore per noi.

Asia Noreen Bibi *è ancora in carcere.*

Libia

I 21 copti trucidati il 15 febbraio 2015 dagli jihadisti del
cosiddetto Stato Islamico in Libia sono morti pronun-
ciando il nome di Cristo. Lo conferma all'Agenzia Fides
Anba Antonios Aziz Mina, vescovo copto cattolico di
Giuzeh. «Il video che ritrae la loro esecuzione è stato costruito come un'agghiacciante messinscena cinematogra-

fica, con l'intento di spargere terrore. Eppure, in quel prodotto diabolico della finzione e dell'orrore sanguinario, si vede che alcuni dei martiri, nel momento della loro barbara esecuzione, ripetono "Signore Gesù Cristo". Il nome di Gesù è stata l'ultima parola affiorata sulle loro labbra. Come nella passione dei primi martiri, si sono affidati a Colui che poco dopo li avrebbe accolti. E così hanno celebrato la loro vittoria, la vittoria che nessun carnefice potrà loro togliere. Quel nome sussurrato nell'ultimo istante è stato come il sigillo del loro martirio».

India

Jacinthia porta i suoi figli a scuola nel piccolo villaggio di Raika, nel distretto di Kandhamal, nell'Orissa. Sorride, e ai suoi bambini che la tengono per mano chiede di fare i bravi a scuola. La campanella suona, lei abbraccia i figli di 8 e 5 anni e se ne va, questa volta con la vicina che la riporta a casa prendendola a braccetto. Jacinthia è cieca, ha perso la vista durante i pogrom anticristiani del 2008 che hanno devastato la regione e il suo villaggio. Si era rifugiata in chiesa con la figlia di 3 anni. «La chiesa è stata completamente bruciata, mia figlia è riuscita a uscire in tempo e indenne. Ma io non ho avuto questa fortuna… Almeno sono viva. E anche i miei figli e mio marito»: quando le si parla di quella notte d'orrore, Jacinthia mantiene un'aria impassibile: «Non provo alcun odio, ho perdonato le persone che hanno fatto questo». E poi aggiunge: «Dopo questi fatti, abbiamo dovuto nasconderci e praticare la nostra religione al riparo dagli sguardi altrui. Non ci si poteva fidare di nessuno». E oggi? «Ritorniamo in chiesa. Le cose si sono calmate...» dice prendendo il rosario tra le mani. «Ma non si sa mai, basta un niente per far scoppiare di nuovo tutto!» aggiunge scuotendo la testa.

Christine Nagayam, *reporter*

La fede nel Cristo crocifisso «affonda le sue radici in maniera profonda in Orissa. La nostra gente vive con fedeltà e amore, e nonostante il dolore le vocazioni alla vita religiosa sono aumentate. Sono passati sei anni dal terrore dei pogrom, ma rimane salda nella mente di tutti noi la testimonianza offerta dalle vittime; questa ha prodotto semi fecondi».

John Barwa, *arcivescovo di Cuttack-Bhubaneshwar,*
in occasione della Giornata della memoria che ricorda
le stragi compiute dagli estremisti indù nell'Orissa.

Sudan

La persecuzione dei cristiani era dappertutto attorno a me quando ero piccola e mentre crescevo. Alcuni di noi cercavano di nascondere la loro fede, ma la gente lo veniva a sapere lo stesso, lo capiva dal tuo nome, dalla famiglia da cui provieni. Spesso per i cristiani i prezzi nei negozi sono più alti, la merce non è disponibile, i posti di lavoro scompaiono, e non ci sono promozioni sul lavoro. (...) Adesso sto meglio, mi sto abituando alla vita negli

Stati Uniti. E al freddo. Ma anche se non ho più nessun familiare in Sudan, mi manca comunque moltissimo il mio Paese. (…) Più di tutto voglio che i miei figli crescano in un posto dove nessuno possa dire loro in che cosa devono credere.

Soprattutto cerco di trasmettere loro la mia fede e i miei valori. Il regalo più grande che voglio fare a Maya e a Martin è la libertà di scegliere come vivere la loro vita. La libertà che io ho rischiato la vita per ottenere. (…) Vedo con orrore quanti cristiani sono perseguitati o uccisi nel mondo, soprattutto donne. Troppe donne nel mondo rischiano ancora di morire a causa della loro fede o di leggi ingiuste che le rendono vulnerabili, più degli uomini. Troppe Meriam non sono abbastanza fortunate come lo sono stata io. (…) Non so perché ha voluto che sopravvivessi, ma so che Dio è fedele. Ora ho il dovere di raccontare la mia storia e di mobilitarmi per chi soffre più di quanto ho sofferto io. Spero che questo aiuti altre donne che subiscono ingiustizie o che sono incarcerate a causa della loro fede, donne di cui non conosciamo nemmeno il nome.

Imprigionata, il 5 maggio 2014 **Meriam Yahia Ibrahim Ishag**, *sudanese, cristiana ortodossa, è stata condannata all'impiccagione per apostasia. L'11 maggio il giudice le ha offerto la salvezza in cambio della conversione all'islam. Le sono stati concessi tre giorni per pensarci. Il giorno 14, davanti al magistrato, Meriam – incinta del secondo figlio – ha rifiutato di rinnegare Cristo. Il 27, mentre era in carcere, ha dato alla luce Maya. Il 23 giugno, dopo una massiccia campagna di mobilitazione internazionale, la Corte d'appello sudanese ne ha ordinato la liberazione. Oggi Meriam vive con la famiglia negli Stati Uniti.*

Kenya

Recentemente, questo gruppo (gli al Shabaab) ha compiuto tre massacri nella nostra diocesi: due sono stati compiuti poco prima del Natale, nella zona di Mandera. Gli insegnanti e gli altri lavoratori stavano partendo per andare a trovare i loro cari in occasione delle feste natalizie. Il loro bus era partito molto presto al mattino, ma dopo soltanto qualche chilometro è stato fermato dagli al Shabaab. Hanno fatto scendere tutti i passeggeri, hanno separato i musulmani e i cristiani, hanno lasciato andare i musulmani, hanno fatto stendere, faccia a terra, i cristiani e hanno sparato loro in testa. Hanno ucciso 27 cristiani, cattolici e protestanti. Neanche due settimane dopo, in una cava di pietre lo stesso gruppo, molto presto al mattino, è entrato, ha separato i musulmani dai cristiani e ha ucciso 38 cristiani. Sempre gli al Shabaab hanno attacco poi l'Università di Garissa. Dalla nostra casa abbiamo sentito gli spari, era presto, al mattino. Durante il giorno si è sparsa la notizia che gli al Shabaab avevano attaccato l'ateneo e lo tenevano sotto controllo. Sono entrati, hanno cominciato a sparare, hanno preso poi degli ostaggi e li hanno uccisi tutti.

(...) Cerco di essere prudente: non esco la sera, sto attento se c'è qualcuno che mi segue... Quando parcheggio, provo sempre a farlo dove c'è qualche poliziotto o i *vigilantes* di banche e uffici. Ma paura, no. Mi affido al Signore. Prima di viaggiare, chiedo al Signore di proteggermi più nell'anima che nel corpo. Se uno si trova in una situazione simile, se ti chiedono se sei cristiano o no, bisogna avere il coraggio di testimoniare la fede anche a costo di perdere la vita. Ecco, io chiedo quella forza. Gesù ci ha detto che «verrà un tempo in cui sarete perseguitati e uccisi e quelli che vi uccidono crederanno di dare onore a Dio». Lo ha detto Lui. Ma ha detto anche che sarà con noi per sempre. Questo ci riempie di coraggio. E poi, lasciamo al Signore le sue strade. A volte sono sconosciute, ma siamo sicuri che portano al bene.

Joseph Alessandro,
vescovo coadiutore della diocesi di Garissa.

Hanno ucciso tutti i miei amici. Stavo pregando con loro quando abbiamo sentito colpi di arma da fuoco e due giovani armati e con il cappuccio hanno fatto irruzione. Io sono riuscito a scappare perché ero vicino alla porta posteriore. Ho ascoltato i miei amici pregare ancora e invocare il nome di Gesù Cristo. Altri urlavano. Poi ho udito tanti colpi di arma da fuoco dal bagno in cui mi ero nascosto. Hanno ucciso i miei amici, ma so che tutti sono in paradiso, perché sono morti pregando Dio.

Kenneth Luzakula, *studente del Garissa University College.*
Il 2 aprile 2014 milizie somale di al Shabaab hanno fatto irruzione nell'università keniota sparando e prendendo in ostaggio decine di persone. Hanno quindi lasciato andare i musulmani e colpito gli altri giovani. Le vittime sono state 148: 142 studenti, due poliziotti e tre soldati.

Siria

Sono stato a Latakia, Damasco e Aleppo. Non ho potuto andare nei villaggi del Nord perché c'erano dei combattimenti in corso per prendere Jisr al-Shugur, una cittadina che era sotto il controllo governativo e adesso è stata conquistata da al-Nusra. La situazione umanitaria, in particolare ad Aleppo, è straziante. Aleppo è una città ormai massacrata, con una periferia totalmente distrutta, totalmente priva di elettricità e di acqua, con scarsità di viveri e con bombardamenti continui, soprattutto sui quartieri cristiani, anche se non solo su di loro... (...) Il costo della vita è aumentato drasticamente, non si può nemmeno quantificare con esattezza. La lira siriana poi non viene più utilizzata e – anche se è proibito – si impiega il dollaro. Il sistema sanitario è insufficiente per rispondere con tempestività ai bombardamenti, e tanti medici sono scappati. C'è un profondo senso di frustrazione, di disorientamento e di angoscia. Ad Aleppo tutti si chiedono se l'Is riuscirà – presto o tardi – a entrare in città. (...) Molti hanno cercato di andarsene, soprattutto dalla città di Aleppo verso Latakia e Tartus o fuori della Siria... Chi è restato – e sono soprattutto i poveri! – cerca di aiutarsi come può. Ad esempio, diverse famiglie, rimaste senza casa perché distrutta dai bombardamenti, sono state accolte da altre famiglie povere che vivevano anch'esse in situazioni molto precarie, ma che sono state capaci di essere solidali. Poi nelle chiese – quelle che ancora funzionano, perché molte sono distrutte, come quella ortodossa, quella armena, quella maronita, quella siriaca – tutti si ritrovano insieme.

Cercano di starsi vicino: quando non si può fare molto, si cerca di sostenersi moralmente a vicenda. E questa è una testimonianza che ho potuto constatare personalmente. (…) Lo sconforto è tanto e c'è anche tanta paura. Ma vedo che soprattutto i giovani sono molto determinati – quelli che sono rimasti – ad aiutarsi, a sostenersi, a fare qualcosa… Insomma, a non lasciarsi prendere dallo sconforto, anche se – ripeto – la situazione è veramente drammatica e la paura è ancora tanta. (…) Chiedo di non dimenticare i nostri fratelli che continuano a morire in Medio Oriente. È importante e necessario non arrendersi, continuare a credere che sia possibile fare qualcosa.

Padre Pierbattista Pizzaballa, *Custode di Terra Santa.*

Corea del Nord

Sebbene la Costituzione preveda la «libertà di credo religioso», nella realtà il diritto non è riconosciuto. Statistiche sul numero di cristiani o credenti di altre religioni sono impossibili da definire, sia perché la Corea del Nord è un paese "blindato", sia perché i credenti praticano il culto spesso in segreto. I 3.000 cattolici che risultano oggi, erano 50.000 prima della divisione Corea del Nord-Corea del Sud. Un Rapporto sul tema della libertà religiosa pubblicato nel 2013 dal Centro dati per i Diritti umani in Corea del Nord riferisce che il 99,6% di chi ha lasciato il Paese afferma che la libertà religiosa non esiste e il 75,7% dichiara che le attività religiose sono punite con l'arresto e il carcere. Le conversioni riguardano per lo più coloro che – dopo essere fuggiti in Cina varcando il confine – entrano in contatto con missionari cristiani impegnati nell'accoglienza dei rifugiati; va peraltro segnalato che la Cina attua una politica di rimpatrio forzato, al quale seguono, da parte delle autorità nordcoreane, stringenti interrogatori volti innanzitutto a verificare se i fugglaschi siano entrati in possesso di materiale religioso.

Nucleo del sistema repressivo sono i Campi di prigionia, noti come *kwan-li-so* e talvolta indicati con la parola Gulag. Si stima che in essi siano internati oltre 200.000 prigionieri detenuti in condizioni terribili, vittime di sistematiche e terribili torture, alimentati con razioni minime di cibo e sottoposti a un duro regime di lavori forzati. Secondo le stime, almeno il 25% dei cristiani della Corea del Nord sarebbe detenuto in queste strutture.

Fondazione pontificia **Aiuto alla Chiesa che Soffre**.

Iraq

Il 10 giugno del 2014, il cosiddetto Stato Islamico in Siria e Iraq, o ISIS, ha invaso la piana di Ninive, dove si trova Qaraqosh. Iniziando da Mosul, ISIS ha invaso una città dopo l'altra, costringendo i cristiani della regione a scegliere tra una di queste tre opzioni: convertirsi all'islam, pagare una tassa (la *jizya*) a ISIS o lasciare la propria città, con null'altro che i propri vestiti in valigia. Questo orrore si è diffuso per tutta la piana di Ninive e già alla volta del 6 agosto 2014 Ninive era stata svuotata dei cristiani. Tristemente, per la prima volta dal VII secolo d.C., nella piana di Ninive le campane delle chiese non hanno suonato per chiamare i fedeli alla messa della domenica. Dal giugno del 2014 in poi più di 120.000 persone si sono trovate sfollate e senza casa nella regione del Kurdistan iracheno, lasciando dietro di sé il loro patrimonio e tutto quello che per secoli avevano costruito. Questo sradicamento, questo furto di ogni bene che i cristiani possedevano, li ha colpiti nel corpo e nell'anima, spazzando via la loro dignità e la loro umanità.

(…) È passato quasi un anno e i cittadini iracheni cristiani hanno ancora un disperato bisogno di aiuto. Molte persone hanno trascorso giorni e settimane nelle strade prima di trovare un riparo, una tenda, una scuola e un posto dove stare. Per fortuna la Chiesa nella regione del Kurdistan si è fatta avanti e si è presa cura dei cristiani sfollati, facendo del suo meglio per affrontare questo disastro. Gli edifici della Chiesa sono stati aperti per accogliere le persone. Sono stati offerti cibo e altri beni necessari a rispondere ai bisogni immediati delle persone, così come sono stati garantiti servizi e assistenza medica. Inoltre la Chiesa ha lanciato un appello e molte organizzazioni umanitarie hanno risposto con aiuti per migliaia di persone nel bisogno. Ora siamo grati per quanto è stato fatto, con la maggioranza delle persone sistemate in piccoli container prefabbricati o alcune case. Anche se sono una soluzione migliore che vivere per la strada o in edifici abbandonati, queste piccole unità sono poche e sovraffollate, a volte con anche tre famiglie composte ciascuna da più persone. Questo naturalmente accresce le tensioni e i conflitti, anche all'interno della stessa famiglia.

Ci sono alcuni che chiedono: «Perché i cristiani non lasciano l'Iraq e non si trasferiscono in un altro Paese e non la fanno finita con questa situazione?». A questa domanda potremmo rispondere: «Perché dovremmo lasciare il nostro Paese? Che cosa abbiamo fatto? I cristiani sono la popolazione autoctona di questa terra. Il cristianesimo è giunto in Iraq fin dai primissimi giorni, grazie alla predicazione e alla testimonianza di san Tommaso e di altri apostoli e Padri della Chiesa. Anche se hanno subito ogni tipo di persecuzione, i nostri padri sono rimasti nella loro terra costruendo una civiltà che ha servito l'umanità per secoli. Noi, come cristiani, non vogliamo lasciare o essere costretti a lasciare il nostro Paese più di quanto anche voi non vorreste lasciare o essere costretti a lasciare il vostro». (…) Io sono solo una piccola persona, vittima io stessa di ISIS e della sua brutalità. Venire qui è stato difficile per me. Come religiosa non sono a mio agio con i media e con così tanto clamore. Ma sono qui e sono qui per chiedervi, per implorarvi, per amore della nostra comune umanità, di aiutarci. Siate solidali con noi, come noi cristiani siamo stati solidali con tutte le persone del mondo, aiutateci! Non vogliamo altro che tornare alle nostre vite. Non vogliamo altro che tornare a casa. Grazie, Dio vi benedica.

Suor Diana Momenka, *domenicana, fuggita da Qaraqosh, presta servizio a Erbil in un dispensario aperto per aiutare le migliaia di sfollati giunti come lei nel Kurdistan iracheno.*

Fonti

Pakistan: San Pietro, veglia di Pentecoste 2013; *Avvenire*, 8 dicembre 2012.

Libia: Agenzia Fides, 17 febbraio 2015.

India: Christine Nayagam, "Non ci si poteva fidare di nessuno" in *Il libro nero della condizione dei cristiani nel mondo*, a cura di Jean-Michel di Falco, Timothy Radcliffe, Andrea Riccardi, Mondadori, Milano 2014, p. 459; Asia News, 25 agosto 2014.

Sudan: *Avvenire*, 11 dicembre 2014.

Kenya: Radio Vaticana, 16 maggio 2015; www.tracce.it, 18 maggio 2015; *Avvenire*, 1 maggio 2015.

Siria: *Avvenire*, 1 maggio 2015; Radio Vaticana, 6 maggio 2015.

Corea del Nord: XII edizione del Rapporto sulla Libertà Religiosa nel Mondo della Fondazione pontificia Aiuto alla Chiesa che Soffre.

Iraq: Newsletter della rivista *Oasis*, maggio 2015 (www.oasiscenter.eu).

Abbiate coraggio:
io ho vinto il mondo!

Anzitutto rendo grazie al mio Dio per mezzo di Gesù Cristo riguardo a tutti voi, perché della vostra fede si parla nel mondo intero. Mi è testimone Dio, al quale rendo culto nel mio spirito annunciando il vangelo del Figlio suo, come io continuamente faccia memoria di voi, chiedendo sempre nelle mie preghiere che, in qualche modo, un giorno, per volontà di Dio, io abbia l'opportunità di venire da voi.
(Rm 1,8-12)

Cristiana Dobner[*]

Alle sorelle e ai fratelli che hanno il coraggio di rimanere cristiani

Sorelle e fratelli, è molto comodo scrivervi da un luogo silenzioso e tranquillo come la mia cella carmelitana. In verità provo ritegno perché il dislivello fra la vostra concreta situazione e la mia è tale da far arrossire. Ben certa che il canale della preghiera giunge dovunque, mi sento a voi prossima e oso parlarvi con queste righe. Testimoni del Risorto, noi carmelitane (come tutti i contemplativi e le contemplative e, a onor del vero, come tutti i cristiani) guardiamo con gratitudine e gioia al Crocifisso. Finché non arriva quel giorno e quel mo-

[*] È nata a Trieste nel 1946. Professa tra le carmelitane scalze nel 1974, vive nel monastero di S. Maria del Monte Carmelo a Concenedo di Barzio (Lecco). Laureata in Lettere e Filosofia e alla Scuola di Lingue Moderne per traduttori e interpreti di Conferenze dell'Università di Trieste, ha conseguito il dottorato in Teologia Orientale, il master in Teologia Ecumenica e il master in "Estudios de la Diferencia sexual" all'Università di Barcellona. Traduce dal tedesco, inglese, francese, spagnolo, olandese, ebraico, russo. Collabora con numerose testate e con l'agenzia SIR ed è autrice di saggi e ricerche bibliche e spirituali.

mento in cui veramente ci sentiamo messe sotto il torchio e si geme.

È quel crinale in cui si gioca la vita: con un passo tutto il percorso antecedente può essere cancellato e la vita può rifiorire, con un passo ci si lascia massacrare per il nome di Gesù Cristo.

Allora il Crocifisso parla un altro linguaggio.

Il vostro attuale. Non versato sulla carta o digitato ad una tastiera ma realmente versato: sangue che attesta il martirio. Quanti siate non lo so. Tanti indubbiamente.

So di sicuro che non vi sottraete e offrite alla storia un volto preciso da Testimoni del Risorto, perché altrimenti potreste starvene tranquilli nelle vostre case, attenti alle vostre normali e comuni occupazioni.

Crollano allora le filosofie, i pii pensieri.

Che cosa resta dinanzi a una furia ideologica, tanto funesta quanto cieca?

Solo la forza dello Spirito che dona lucidità e sospinge a rimanere saldi nella professione della fede. Questa volta non con un astratto assenso ma con il pericolo che accerchia e minaccia.

Vorrei potervi dire che anch'io sono disposta a questo passo ma non è vero. Mi interrogo, ogni volta che vengo a sapere di crudeltà, sevizie e soprusi, perpetrati per distogliere dalla fede nel Signore Gesù, su che cosa io, in concreto, sarei disposta a fare.

Concludo che me la sarei data a gambe, ancor prima che tutto iniziasse.

Mi soccorre un pensiero, uno di quelli che, trapassando, rinvigoriscono e che vorrei fosse anche vostro: non siamo soli e quindi la mia decisione la potrei prendere appoggiandomi ad altri, più forti e coraggiosi di me.

Il primo a cui è andata proprio male e ne ha pagato le gravi conseguenze è proprio lo stesso Signore Gesù: è passato attraverso dolori e sofferenze per finire crocifisso.

Da Lui scende forza e coraggio, in Lui ci si può determinare a non cedere.

La Chiesa è tutta e sempre rivolta al Padre, non siamo mai degli individui che vagolano sulla terra o nell'aere, siamo persone che il Padre, nostro Creatore, guarda negli occhi costantemente. Insieme siamo un corpo solo, forte e sicuro della sua fede.

Infine, lo Spirito è promesso a chi, portando il suo sigillo, allenta la vela e lascia che si gonfi per veleggiare con sicurezza fra i marosi.

La vita allora vale la pena di giocarla, di metterla in pericolo non perché si è dei beoti e degli ingenui, ma perché è una vita da pellegrini nel tempo e nella storia che attendono di vedere il volto di Dio.

Segnati da quel marchio che ci farà riconoscere Suoi figli e fratelli, capaci di versare il sangue perdonando, non perché siamo dei buonisti ad oltranza ma per la sola ragione che Egli lo ha fatto per noi.

La vostra forza resistente e perdonante, sorelle e fratelli, diventerà la nostra quando ci troveremo a dover varcare la soglia della nostra decisione.

Siamo già uniti e nessuno ci separerà.

Antonio Riboldi[*]

Carissimi fratelli in Cristo,
sono un vescovo emerito a cui il Signore, tra i tanti
doni, ha concesso una lunga vita: 92 anni.

Una vita in cui – è inevitabile, vista la nostra condizione
di creature – ho spesso incontrato la sofferenza dell'uomo. I volti tristi delle mogli e dei figli dei tanti migranti
siciliani, miei parrocchiani, lontani dalla casa e dalla patria, e i volti affaticati e nostalgici degli stessi, che, giovane prete, andavo a incontrare in Germania, in Canada,
negli USA, in Venezuela. Volti spesso amareggiati per lo
sfruttamento e le ingiustizie subite, per amore dei loro
cari lontani.

[*] Nato nel 1923 a Triuggio (Milano), dal 2000 è vescovo emerito di Acerra,
cittadina dove vive e che ha guidato come pastore a partire dal 1978. Quando, nel 2001, Giovanni Paolo II ha concesso alle presidenze delle Conferenze
Episcopali nazionali la facoltà di nominare un vescovo emerito in ciascuna
Commissione Episcopale, è diventato membro della Commissione Episcopale
per la famiglia e la vita. Ha iniziato il suo cammino vocazionale tra i padri
rosminiani (Istituto della Carità) a 12 anni. Nel 1946 ha emesso la professione
religiosa e nel 1951 è stato ordinato sacerdote. Sino al 1978 ha esercitato il suo
ministero in Sicilia, nella valle del Belice. Autore di molte pubblicazioni, è stato
direttore della rivista *Amici dei lebbrosi* e ha collaborato con diverse testate.

Volti sconvolti per l'immane tragedia del terremoto del 1968, che in un attimo pareva aver distrutto ogni prospettiva di futuro, radendo al suolo i loro paesi, e volti frustrati per l'incredibile lentezza della ricostruzione, che ci costrinse ad oltre dieci anni di vita in baracca.

Da vescovo ho incontrato nelle carceri ex-brigatisti, con il volto tormentato per le scelte di violenza sbagliate, che a nulla avevano portato, salvo altro dolore; ho incontrato i volti angosciati di dissociati dalla camorra, ormai consapevoli del male commesso e delle conseguenze senza ritorno per le loro vittime. Ho visto le lacrime dei parenti delle vittime e, spesso, la pace che diffonde sul volto la capacità di perdonare.

Quanti volti ha la sofferenza e, spesso, la causa è nell'uomo stesso.

Pensando a voi, il cui volto un giorno potrò vedere, ma non più sofferente, mi rendo conto che davvero il dolore può avere un volto "di gloria": sì, perché, nel vostro dramma, l'abisso del Male, che è nei vostri persecutori, incontra uno squarcio di Cielo, che è la vostra fede in Gesù.

Vi prego: non venga meno la vostra fede in Gesù Risorto, che è la vostra forza e la nostra speranza, perché voi siete testimoni credibili, di cui il nostro povero mondo, troppo materialista e superficiale, ha bisogno per ritrovare la sua anima.

Siete «*il chicco di grano che muore*» – è vero – ma grazie a voi l'umanità può sperare di avere ancora un futuro e «*portare frutti*» di pace e fratellanza.

Se potessi, vorrei essere con voi. Prego perché uomini e donne di buona volontà possano darvi sostegno con aiuti materiali concreti e immediati, ma anche con scelte politiche durature e certe.

Il vostro dramma è ancora troppo poco conosciuto nel nostro mondo, ripiegato sul proprio benessere; troppo spesso sono altre le situazioni "che fanno notizia" e domina "la globalizzazione dell'indifferenza" di cui spesso parla papa Francesco.

Anche se organizzazioni internazionali si stanno muovendo, molto resta da fare e intanto tra voi aumenta il numero dei martiri per la fede in Gesù!

Con tutto l'umano senso di impotenza che provo, vi affido, con fede certa, a Colui che ci ha detto: «*Non temere piccolo gregge...*» e confido per voi nella Sua Grazia e nel dono dello Spirito di fortezza. Lo stesso Spirito che ha sostenuto la giovanissima cooperante Kayla Mueller, rapita dall'ISIS e morta in febbraio, che scriveva ai suoi cari: «Mi sono arresa al nostro Creatore perché letteralmente non c'era nessun altro. Grazie a Dio e alle vostre preghiere sono stata teneramente cullata, mi è stata mostrata la luce nell'oscurità... Sono arrivata a vedere che c'è del buono in ogni situazione, a volte dobbiamo solo andare a cercarlo. Prego ogni giorno che anche voi, se non altro, abbiate sentito una certa vicinanza e vi siate arresi a Dio».

Sì, stiamo uniti nella preghiera e nella comunione dei santi. Chiedo per voi che possiate ogni istante sentire la presenza di Dio che vi sostiene nella prova e ha cura di voi.

Non venga meno la vostra fede, vi prego, e Gesù, il Risorto, il Vivente, sia sempre con voi, come solo Lui sa, può e vuole esservi accanto.

Vi benedico da padre e vi abbraccio da fratello.

Davide Rondoni*

La distesa umana, la testa china
(nel video si vede bene, prima
d'aver la gola tagliata dice quel nome
in una lingua dolce, lontana)
– vostra morte violenta, cristiana
marchio più forte
sulla epoca dei marchi globali,
battesimo visibile e invisibile
dei secoli che rompono le ali
e vogliono l'essere umano
solo sangue vano…
La vostra oscura festa
(lo hanno preso, non ha abiurato
ha chinato nero agnello la testa)

* Poeta, è nato a Forlì nel 1964. È autore di opere in versi, tradotte in diversi Paesi, saggi, romanzi e testi teatrali. Ha fondato e diretto il Centro di poesia contemporanea dell'Università di Bologna. Tiene corsi di poesia presso alcuni atenei italiani. Dirige le collane di poesia per Marietti Editore e CartaCanta Editore, e di ebook poesia per Subway Edizioni. Ha fondato e dirige la rivista *clanDestino*. Collabora a programmi televisivi e con alcuni quotidiani come editorialista.

ravviva le nostre vene,
vostra croce che ovunque si alza,
albero d'oro e sangue dei non sottomessi.
Posiamo il viso
sui vostri petti aperti,
il sì che vi ha fatto
già del cielo esperti
brucia diamante nel nostro duro
sorriso,
ci accompagna al destino,
al mattatoio quotidiano
al cuore tornato rondine, bambino.

Guido Dotti[*]

Carissimi fratelli e sorelle,
non mi è facile trovare le parole giuste da indirizzare
a voi, così diversi per lingua, cultura, età, luoghi di nascita e di vissuto quotidiano, eppure uniti dalla fede nell'u-
nico Signore Gesù Cristo, abitati dalla medesima speranza e radicati nella carità che tutto sopporta. Nei vostri
volti così diversi colgo però tratti di profonde somiglian-
ze, dovute alle sofferenze che patite e che vi accomunano
rendendovi simili al Servo sofferente, il Signore crocifisso
e risorto. Pensando a voi, fratelli e sorelle di Chiese diverse ma accomunati dall'unico battesimo, la prima parola
che sento di potervi rivolgere è una richiesta di perdono.
Perdono per aver assimilato le vostre sofferenze a qual-

* Nato a Milano nel 1953, è entrato a far parte della Comunità Monastica di Bose nel 1972. Professo solenne nel 1978, è stato vice-priore dal 1984
al 2008. Attualmente lavora come economo del monastero e alle Edizioni
Qiqajon, presso le quali ha curato la pubblicazione di alcuni volumi. Co-presidente del Forum sulla Spiritualità alla III Assemblea Ecumenica Europea
a Sibiu nel 2007, ha partecipato nell'estate 2008 alla Lambeth Conference
come ospite personale dell'Arcivescovo di Canterbury. Dal 2009 è delegato
diocesano per l'Ecumenismo e il Dialogo della diocesi di Biella.

che ostilità patita da noi, cristiani di Paesi in cui la fede in Gesù Cristo è radicata da secoli: perdonateci il nostro aver osato paragonare la perdita di qualche privilegio passato con la perdita della libertà, della speranza e della vita stessa che voi subite ogni giorno.

Perdono per non aver imparato a conoscervi nel quotidiano, per aver ignorato le vostre fatiche, le vostre angosce e le vostre speranze rinnovate ogni mattino, per aver sottovalutato cosa significa rendere conto ogni giorno della speranza che vi abita, al caro prezzo dell'emarginazione, della persecuzione, delle minacce e della stessa morte fisica.

Perdono per aver troppo spesso taciuto quel poco che sapevamo di voi, per esserci assuefatti alle notizie che provengono dalle vostre terre martoriate, per non aver dato voce al vostro grido di dolore: è il Signore crocifisso che non abbiamo voluto ascoltare.

Dopo avervi chiesto perdono, vi dico "grazie!". Grazie per la capacità di perdono che manifestate verso i vostri persecutori. Grazie per aver rinunciato a difendervi con la violenza e non aver sconfessato il vostro e nostro Signore, mite e umile di cuore, che ha perdonato i suoi uccisori.

Grazie per la testimonianza che ogni giorno rendete all'"ecumenismo del sangue": i vostri nemici, nel colpirvi, non fanno distinzione di confessione cristiana: cattolici, ortodossi, protestanti, copti… siete tutti accomunati dal Nome santo di Gesù. E voi soffrite e morite con quel Nome sulla bocca, testimoniando così di formare fin d'ora l'unico corpo di Cristo, un corpo offeso e ferito, anche a morte, ma un corpo già rivestito della luce della trasfigurazione e della gioia della Pasqua.

Sappiate inoltre che, a dispetto di tutte le apparenze, non siete soli. Non siete soli, purtroppo, perché tante minoranze sono oggi osteggiate e perseguitate in tutto il mondo, a motivo della loro fede o dell'etnia o del loro radicamento in una terra e in un Paese considerato preda da sfruttare da parte di aggressori senza scrupoli.

Ma non siete soli anche perché vi portiamo nella nostra povera preghiera quotidiana: il Vangelo ci ricorda ogni giorno che formiamo un unico corpo e che non ci è data altra possibilità di incontro con il Signore che non sia il prenderci cura del prossimo, soprattutto del più povero e bisognoso. Non siete soli perché nella comunione dei santi del cielo e della terra tanti martiri pregano per voi e con voi, assieme al beato vescovo Óscar Romero, perseguitato e ucciso, come tanti altri cristiani, da chi con le labbra professava la sua stessa fede!

Ma soprattutto non siete soli perché il Signore è con voi e non vi abbandona. Non vi siete vergognati e non vi vergognate del Figlio dell'uomo, ed Egli non vi dimentica oggi e non si vergognerà di voi quando verrà nella gloria sua e del Padre e degli angeli santi (cfr. Lc 9,26).

Vi saluto con un abbraccio fraterno e con una certezza che mi viene dalla vostra perseveranza: come agli albori della Chiesa «il sangue dei martiri è stato seme dei cristiani», così oggi il vostro sangue versato è già seme dell'unità dei cristiani, perché Colui che ci unisce – il Signore Gesù – è più grande di colui che ci divide, il Divisore. Non temete! Il Signore risorto lo ha vinto una volta per tutte. Con l'apostolo Giovanni vi dico: «Questa è la vittoria che ha sconfitto il mondo: la vostra fede» (cfr. 1Gv 5,4).

Chiara Giaccardi
Mauro Magatti[*]

Lettera aperta ai cristiani perseguitati, madri che ci fanno rinascere dall'alto

«Durissimo silenzio / tra noi uomini e il cielo». Parole taglienti di Mario Luzi, ispirate dal momento della passione. Quello in cui persino Gesù, che sempre ci apre la via e nulla ci chiede che prima non abbia Lui stesso attraversato, si domanda: «Perché mi hai abbandonato?». Un silenzio durissimo da varcare; un vuoto necessario, però, per poter essere colmato.

Il «Qui / non altrove che deve farsi luce», scrive ancora Luzi, che non lascia al male l'ultima parola.

[*] Chiara Giaccardi, nata a Forlì nel 1959, e Mauro Magatti, nato a Como nel 1960, sono sposati dal 1985, hanno cinque figli naturali e uno in affido. Chiara Giaccardi è docente di Sociologia e antropologia dei media all'Università Cattolica di Milano e dirige la rivista *Comunicazioni Sociali*. Collabora con diverse testate e con l'Ufficio comunicazioni sociali della CEI. Mauro Magatti insegna Sociologia della globalizzazione nella medesima università e dirige il centro di ricerca Arc (Centre for the anthropology of religion and cultural change). Collabora con il *Corriere della Sera*. Entrambi sono autori di numerose pubblicazioni. Insieme, dieci anni fa, hanno fondato Eskenosen, un'associazione che si occupa dell'accoglienza delle famiglie di migranti.

Non si può vedere la luce se prima non c'è il buio. Non si può venire al mondo senza passare dal travaglio del parto, che è sempre anche una morte. Ma una morte che, come scrive Eugenio Montale della passione di Gesù, «odora di resurrezione».

Il sangue è ciò che sgorgando accompagna la nascita di ogni vita nuova. Il suo significato, il suo perché, non è nel dolore, ma nella vita. Anche quando nel delicato passaggio – come più spesso in passato ma ancora oggi accade – la vita della madre si spegne per far essere quella del figlio.

La persecuzione di voi testimoni è già un martirio, come ha detto papa Francesco. Con il vostro stare, disposto ad affrontare un travaglio che può portare alla morte, siete la madre che ogni prezioso giorno della vostra vita ci rimette al mondo, che ci fa rinascere dall'alto, rinnovando il dono di sé di Gesù sulla croce.

«Il nostro vero padre è Cristo, e la nostra madre la fede in Lui. Per i martiri cristiani la fede, in quanto incontro con il Dio vivente manifestato in Cristo, era una "madre", perché li faceva venire alla luce», ha scritto papa Francesco in *Lumen Fidei* (n.5).

La vostra resistenza resiliente e nutrita di affidamento filiale, unita al sangue già versato di tanti martiri, è il seme che accettando di morire ci dona la vita. Il segno pieno di luce che dice una verità inutilmente negata: l'uomo non ha creato la vita e non può distruggerla, per quanto si sforzi di sopprimerla. La barbarie è solo il frutto amarissimo di questa impotenza: si possono distruggere i monumenti, i segni della cultura nelle sue forme più alte, ma la vita vera no.

Anzi, la pervicacia assassina che aleggia intorno a voi non fa che amplificare la forza di ciò che brilla di una luce ricevuta dall'alto e diffusa con una intensità che cresce di fronte a chi vuole negarla.

Seme che muore e che morendo porta frutti. «Il martirio è una grazia di Dio che non credo di meritare, ma se Dio accetta il sacrificio della mia vita, che il mio sangue sia un seme di libertà e il segno che la speranza sarà presto realtà», aveva dichiarato il beato Óscar Romero.

Nell'epoca delle parole che non costano, degli avvocati difensori della fede che non rischiano nulla, voi perseguitati mostrate con la vostra vita che la fede vale la vita.

«Oggi, vi è urgenza di uomini che, come i primi martiri cristiani e i grandi padri della Chiesa, più che sforzarsi di "provare" la risurrezione di Cristo attraverso ragionamenti o indizi di ordine storico, ne testimonino la perdurante verità nella storia tramite la loro fedeltà all'Evangelo, fino ad accettare di morire *perché la risurrezione di Cristo sia narrata come una ragione per la quale vale la pena di vivere e di dare la vita*. È questo il cuore del paradossale messaggio cristiano, che annuncia un amore più forte della morte» ha scritto papa Francesco, che ha aggiunto anche: «Il martirio non è mai una sconfitta; il martirio è il grado più alto della testimonianza che noi dobbiamo dare».

Restare fedeli, anche a costo del martirio, non è scegliere la morte, ma affermare un modo di vivere: quello di Gesù. È scegliere la fatica silenziosa della sequela, non un'eclatante affermazione di sé. Il permanere nonostante la persecuzione e il martirio non è infatti il frutto della volontà, ma dell'affidamento. Lo stesso che ha sperimentato Gesù: l'evangelista Matteo (8,17) dice molto chiaramente che Cristo ci aiuta non per mezzo della sua onnipotenza, ma per mezzo della debolezza. Una resa che è la forma più alta di resistenza al male.

E noi cosa faremmo?

Proprio perché dubitiamo di noi stessi, non possiamo che sentirci umili, vicini a quella terra che ha raccolto il sangue delle tante vite strappate ai loro cari, alle loro memorie, al loro futuro. Piccoli, sotto quel cielo che accoglie e custodisce le vostre preghiere quotidiane.

E diciamo un grazie, che deve risuonare ogni giorno, a chi morendo ha dichiarato al carnefice «sarà una Pasqua buona», come hanno fatto gli studenti dell'università keniota di Garissa.

Che questa voce pura e così vicina alla fonte della vita illumini e accompagni sempre il nostro cammino e ci aiuti ad affrontare le nostre piccole e grandi morti, nell'attesa dell'abbraccio della vita piena.

Sentiamo allora rivolte a tutti noi le parole che Dietrich Bonhoeffer, poco prima del martirio, ha scritto alla fidanzata:

«È ciò che noi sappiamo: arde di notte la luce tua.

(…) Dio è con noi alla sera e al mattino

e stanne certa, in ogni nuovo giorno».

Gemma Capra[*]

Carissimi fratelli e sorelle,
vi scrivo mentre da mesi seguo con apprensione le notizie che vi riguardano. Vorrei dirvi che prego per ciascuno di voi: non vi conosco personalmente, ma appartenete alla mia quotidianità e, dimorando nelle mie preghiere, siete diventati miei familiari.

Nessuno riesce a superare da solo difficoltà come quelle che state vivendo. Desidero sappiate che *non siete soli*: come me, moltissimi italiani stanno pregando per voi, ogni giorno. E cercano di farvi giungere aiuti concreti.

Io so che non sarei riuscita a superare la tragedia che ha colpito la mia famiglia senza l'aiuto e la preghiera di molte persone, che mi hanno sorretto e accompagnato. Questa esperienza mi ha portato a comprendere sia il valore

* Nata a Torino nel 1946, dopo gli studi ha lavorato nell'azienda paterna. Nel 1969 ha sposato il commissario di polizia Luigi Calabresi e hanno avuto tre bambini. Il 17 maggio 1972 Luigi Calabresi è stato ucciso da un commando armato di Lotta Continua dopo una denigratoria campagna stampa durata all'incirca un anno. Gemma Capra ha iniziato a insegnare religione nelle scuole primarie e ha svolto questo incarico per 31 anni. Nel 1982 si è risposata e ha avuto un altro figlio.

immenso delle persone (sono il bene prezioso dell'esistenza), sia la potenza della preghiera che genera una *comunione insostituibile fra gli esseri umani*. È la comunione che Dio desidera per noi e ha i tratti della fraternità profonda, dell'amicizia, della solidarietà.

Indubbiamente il Signore conosce i nostri pensieri ancora prima che li formuliamo, eppure ha detto: «Chiedete e vi sarà dato, cercate e troverete…». Sono convinta che Lui desidera che leviamo la nostra preghiera di intercessione per farci scoprire e vivere la comunione fra noi. E ho la ferma certezza che Dio ascolterà le nostre invocazioni per voi e vi aiuterà come sa e vuole, dandovi forza, consolazione, coraggio e ciò di cui avete bisogno. Carissimi, continuate ad avere fiducia in Lui, non vi scoraggiate.

Penso alle sofferenze e ai problemi che stanno affrontando anche i vostri bambini: prego molto per loro, perché leggendo nei vostri occhi il dolore e la fatica ma anche la saldezza della fede e la trasparenza del cuore, con l'aiuto e l'esempio che darete loro, possano crescere amando la vita, dono magnifico di Dio, senza coltivare risentimento e cupo desiderio di rivalsa. Ho sempre ritenuto importante, decisivo, trasmettere ai figli, sin da piccoli, la gioia di vivere, mostrando loro la bellezza della vita, educandoli ad uno sguardo positivo sul mondo e sulle persone.

Nelle mie preghiere chiedo anche al Signore che illumini e converta i cuori di quanti vi stanno perseguitando, uomini che sono preda del fanatismo e dell'ideologia. So che è un esercizio molto difficile, per chi ha subìto sopraffazioni e patisce lutti irreparabili, provare a pregare per chi ha compiuto il male. Nel corso della mia vita ho imparato che questa è una scelta buona, ho compreso che anche gli uomini che hanno compiuto orribili gesti di violenza hanno l'impronta di Dio proprio come noi, sono Suoi figli, in cui abitano barlumi di bene e bisogna pregare perché siano illuminati, si ravvedano e questo bene cresca.

Vi confido un pensiero che riguarda il perdono: dopo l'omicidio di mio marito sapevo che avrei dovuto giungere a perdonare perché Gesù ce lo ha comandato e io volevo restare unita a Lui, ma quell'atto del cuore mi pareva quasi impossibile. Ripensando alle Sue parole sulla croce – «Padre, perdona loro perché non sanno quello che fanno» – mi chiedevo: perché Gesù non aveva perdonato in prima persona chi lo stava uccidendo, dal momento che avrebbe potuto farlo? Col tempo mi sono data questa spiegazione: Lui, Figlio di Dio ma uomo, in quel momento si è reso conto di quanto sarebbe stato difficile per noi uomini perdonare dopo aver subìto il male e ci ha voluto indicare una strada, quella di chiedere al Padre di perdonare al posto nostro, lasciando a noi il tempo del cammino. Così mi sono avviata e l'ho percorso. Per ciascuno, questo cammino ha tempi diversi: sempre comunque molto lunghi. Vi auguro e prego perché quanti si sono avviati su questa strada possano giungere alla meta.

Vi voglio bene.

Marco Burini[*]

Carissimi Salman, Sania, Poonam[1], mi chiamo Marco. Vi scrivo dall'Italia, da Roma. Forse tu Salman, che sei un po' più grande, hai sentito parlare di questa grande città, così lontana dal vostro Paese, dove morirono martiri gli apostoli Pietro e Paolo, tanti e tanti anni fa. Carissimi bambini, vi scrivo perché ho saputo che poco tempo fa è successa una cosa terribile. Un bruttissimo, spaventoso Drago nero ha ingoiato i vostri genitori!

Ho letto la notizia: dopo due giorni chiusi nella fabbrica di argilla dove lavoravano, papà Shahzad e mamma Shama sono stati buttati nella fornace dove si cuociono i mattoni. C'è un sacco di gente che urla e spinge, sono inferociti, furiosi. Sembrano diavoli. Sono diavoli. Agitano un libro, il Corano, urlano che il vostro papà e la vostra mamma ne

    * Nato nel 1968 a Beirut (Libano), laureato in Filosofia, è giornalista: lavora a TV2000, dove è anche autore della trasmissione quotidiana "Il diario di papa Francesco". Collabora inoltre con alcune testate.

    [1] Salman (sei anni), Sania (quattro) e Poonam (due) sono i figli di Shahzad e Shama Masih, bruciati vivi con l'accusa di blasfemia il 4 novembre 2014 nel villaggio "Chak 59" presso la cittadina di Kot Radha Kishan, a sud di Lahore (Pakistan).

hanno bruciato alcune pagine. Mi sa tanto che è una scusa, uno stupido pretesto. L'unica cosa che brucia, brucia senza fermarsi, è il loro odio. Sono accorsi numerosi dai villaggi vicini per godersi lo spettacolo e, magari, partecipare. Immagino la scena: c'è chi grida, si eccita, c'è chi ride e chi si vergogna un po', chi incita e chi rimane dietro a fare da guardaroba. Intanto papà Shahzad e mamma Shama pregano, pregano e pensano a voi in ogni istante. Non ero lì, ma ne sono sicuro: il Drago che ha divorato il vostro papà e la vostra mamma non era rosso. Era nero, non sputava fuoco ma pece bollente, puzzolente. Nero come il cuore dei suoi servitori. Non rosso. Rosso è l'Agnello. Quell'Agnello, cari bambini, che per primo è stato sgozzato in nome di Dio. Lo racconta il libro dell'Apocalisse: un Agnello sgozzato, rosso di sangue, che però sta ben dritto, in piedi, e davanti al quale tutti si inginocchiano e cantano: «L'Agnello che è stato ucciso è degno di ricevere la potenza e la ricchezza, la sapienza e la forza, l'onore, la gloria e la lode». E poi il Drago viene afferrato e trascinato in catene all'inferno. Non è incredibile? L'Agnello batte il Drago! Cose dell'altro mondo: un animale mite, che non fa del male a nessuno, sconfigge una bestia enorme, un mostro che fa tremare solo a guardarlo.

Certo, voi mi potreste dire: ma dov'è questa vittoria? Qui da noi, prima e dopo papà e mamma, ne sono stati ammazzati molti per la fede nel Signore Gesù. Magari fosse accaduto come a Sadrac e ai suoi compagni, come racconta Daniele, che furono gettati nella fornace per ordine del re Nabucodonosor e ne uscirono senza nemmeno una scottatura per intervento dell'Angelo!

Carissimi Salman, Sania, Poonam, il vostro papà e la vostra mamma non sono morti. O meglio sono morti, sì, e hanno sofferto tanto, ma non sono morti del tutto. Questa è solo la prima morte ma è la seconda morte di cui dobbiamo veramente avere paura. La seconda morte? Sì, quando il Signore tornerà a giudicare i vivi e i morti.

Cari bambini, quando sento storie come quella dei vostri genitori mi domando cosa farei se capitasse a me. A me che scrivo e parlo ogni giorno delle cose di fede, di cristianesimo, per mestiere, in un posto del mondo in cui a essere cristiani si rischia poco o nulla. Vorrei essere trovato pronto, nel momento della prova. Pregate per me. Vi abbraccio forte.

Ignazia Angelini[*]
e la comunità monastica di Viboldone

Care sorelle e cari fratelli,
abbiamo insieme pregato intensamente in comunione con voi, durante la celebrazione vigiliare della Pentecoste, e uscendone ci viene spontaneo e si fa "necessità" inviarvi questo messaggio, associate al coro di tante voci che oggi si levano nella Chiesa universale, e particolarmente in Italia, per raggiungervi nei luoghi del dolore, della prova suprema della fede.

La Pentecoste ci ha radunati: dopo aver celebrato il mistero di Colui che è il Soffio vitale di Dio, il Nascosto chiamato vicino, l'anima resistente di ogni testimonianza dei discepoli, ci sentiamo più che mai in comunione con voi. Anzi, percepiamo al vivo che la vostra testimonianza

---

[*] La comunità monastica benedettina dell'abbazia di Viboldone (in provincia di Milano), attualmente costituita da venticinque monache (ventidue professe e tre postulanti), è guidata dal 1996 dalla badessa Ignazia Angelini. Nata in provincia di Pesaro-Urbino nel 1944, è entrata a far parte dell'ordine benedettino nel 1964, facendo professione solenne nel 1968. Autrice di volumi di spiritualità, dal 1980 al 1996 ha insegnato Storia della spiritualità alla Facoltà Teologica dell'Italia Settentrionale di Milano.

sostiene anche noi, nella fatica quotidiana di tenere alta
la speranza, senza ipocrisie e nell'umiltà della carne.

Tra noi, monache, rileggiamo spesso quanto scrivevano i
monaci di Tibhirine, mentre si sapevano esposti alla morte per la loro mite testimonianza di fede: e ci percepiamo
incoraggiate. «È il grande mistero della fede – scriveva
uno di loro nell'imminenza del martirio – della più tenera
fedeltà. Sì, sono davvero commosso di essere membro di
questo corpo, senza splendore né apparenza né bellezza.
(…) Imparo che c'è anzitutto la Chiesa, e noi siamo parte
di questo corpo cristico. So che non siamo migliori, né
degli eroi, né nulla di davvero straordinario. Ne ho la
netta percezione, qui. E poi, c'è qualcosa di singolare nel
nostro modo di essere Chiesa, di reagire agli eventi, di
attenderli, di viverli. C'è una certa consapevolezza, come
se fossimo responsabili non di qualcosa da fare ma di
qualcosa da essere, qui, come risposta di verità, risposta
di amore. (…) La nostra Chiesa è stata duramente scossa.
(…) Ridotta, ferita, fa esperienza cruda dello spogliamen-
to… Imparo la Chiesa: questa grande felicità di esserne
parte, racchiusa carnalmente in questo corpo che narra
qui, ora, la Presenza. Imparo la Chiesa: la vedo adorna
come una sposa secondo il costume del suo sposo – il
Servo sofferente»[1].

Queste parole, che hanno il peso della vita donata, ci fanno custodire, con timore e gratitudine al cuore del nostro
vivere pregare sperare quotidiano, la memoria del vostro

---

[1] Frère Christian de Chergé e gli altri monaci di Tibhirine, *Più forti
dell'odio*, Edizioni Qiqajon, Bose 2010, pp. 141 ss., *passim*.

patire. Ci spingono a tenere il ricordo di voi, come fuoco al cuore della nostra preghiera delle ore, come spinta nascosta che sostiene tutte le nostre piccole rinunce ed energia delle grandi, umili speranze.

Gesù ha tracciato per i monaci la strada del martirio del cuore, della pacifica lotta della fede, dopo l'epoca ecclesiale delle persecuzioni e dei martiri. I monaci si nutrono direttamente della testimonianza e della forza, umile e mite, dei martiri, testimoni in prima linea. Anche oggi sentiamo di vivere, nel deserto di una storia critica, grazie alla tenace resistenza delle sorelle e dei fratelli che in terre ove imperversa la guerra, la violenza, l'ingiustizia, perseverano nella tenace e amorosa testimonianza della fede. Medesima è la tenuta nella prova. Medesimo il silenzio di Dio, di cui siamo in ascolto. Unico il grido d'aiuto. Medesima la gratuità della consegna a un futuro non fatto da mano umana. Sulle orme di Gesù, uomo dato corporalmente per tutti.

Quando con le mie sorelle ci destiamo – ed è ancora notte – per la salmodia, mentre cerchiamo di tessere e ritessere i legami della nostra alleanza comunitaria sotto la luce del Vangelo, ci sentiamo in comunione con le generazioni – dei secoli passati, fino ad oggi, lì dove voi vivete e patite – che sulla terra cercano pace e la perseguono con umile amore. Fra grida di aiuto e lacrime di dolore: «Fino a quando, … Signore!?», «non t'importa che periamo?!», salmodiamo obbedienti alla Parola, obbedienti alla storia vissuta.

I fratelli monaci di Tibhirine riconoscevano questo tenace legame che la salmodia intesse tra coloro che resistono nella prova: «Le parole dei Salmi resistono, fanno corpo con la situazione di violenza, di angoscia, di menzogna, di ingiustizia. "Dio santo, forte, immortale, vieni a salvarci! Vieni presto in aiuto!". (…) Leggere la Scrittura Santa è vitale. Contiene un significato. È da accogliere, da riconoscere. Da riconoscere, si compie. Tu che vieni! Ed eccoci carichi di significato. Si compie: amore in croce. Siamo un po' spossati, provati. Eh, sì, è il lavoro della fede. Gli oscuri testimoni della speranza. Su di loro poggia il futuro del mondo».

Carissime sorelle, madri e fratelli, e padri: nel vostro vivere, patire esposti alla morte, siamo profondamente persuase che ne va del mistero della Chiesa: questo ci lega profondamente a voi. E oltre ogni confine: giustamente papa Francesco parla di "ecumenismo del sangue". Il vescovo Óscar Romero, consegnando il suo confratello gesuita alla vita eterna, disse: «Se si trattasse di un semplice funerale parlerei qui di relazioni umane e personali con Padre Rutilio, che sento come un fratello... ma questo non è il momento di pensare all'aspetto personale, bensì di raccogliere da questo cadavere un messaggio per tutti noi che continuiamo il pellegrinaggio… Il vero amore è quello che porta Rutilio Grande alla morte con due contadini per mano. *Così ama la Chiesa, muore con loro…* Non lo dimentichiamo. Siamo una Chiesa pellegrina, esposta alla persecuzione».

In voi, ne siamo certe, nasce e rinasce la Chiesa dei martiri che impara a forzare l'alba per un nuovo mattino di risurrezione. In voi, mescolati a tutti i poveri e agli ultimi della terra, si gettano le radici di un'umanità nuova. Come disse il Concilio Vaticano II, consegnandoci così la mappa del cammino della Chiesa nei secoli futuri: «Le gioie e le speranze, le tristezze e le angosce degli uomini d'oggi, dei poveri soprattutto e di tutti coloro che soffrono, sono pure le gioie e le speranze, le tristezze e le angosce dei discepoli di Cristo, e nulla vi è di genuinamente umano che non trovi eco nel loro cuore. (…) La comunità dei cristiani si sente realmente e intimamente solidale con il genere umano e con la sua storia»[2].

Così, pregando per voi (non diceva forse l'antico monaco del deserto: «Pregare è versare sangue dell'anima»?), con voi, lasciando che la ricca corrente della vostra preghiera ci convochi alla presenza di Dio, viviamo la nuova, incessante Pentecoste. E tanto desideriamo che questa vicinanza sostenga anche voi nella speranza. L'estrema compassione è il tessuto ecclesiale che unisce, che germina il futuro. Il far memoria insieme della sofferenza patita nel legame di Gesù Cristo è preghiera pura.

Le parole ultime del vescovo Romero, e di tutti i martiri delle terra, echeggiano nel vostro patire di oggi e ritornano a noi come messaggio che ci mette – ogni giorno di nuovo – in cammino: «Chi vuole allontanare da sé il pericolo, perderà la sua vita; al contrario, chi si offre, per amore di Cristo, al servizio degli altri, vivrà come il chicco di grano che muore, ma solo apparentemente muore. Se non morisse, rimarrebbe solo»[3]. E ancora: «Sono stato spesso minacciato di morte. Devo dire che, come cristiano, non credo nella morte senza risurrezione. Se mi ucci-

---

[2] *Gaudium et Spes*, Proemio.
[3] Omelia del 24 marzo 1980.

dono, risorgerò nel popolo salvadoregno. Lo dico senza nessuna presunzione, con la più grande umiltà. Come pastore sono obbligato per mandato divino a dare la vita per quelli che amo, che sono tutti i salvadoregni, anche per coloro che potrebbero assassinarmi... Lei può dire, se arrivassero a uccidermi, che perdono e benedico coloro che lo faranno».

E così, circondate da questa nuvola di testimoni, sapendo che anche tanti altri fratelli nel mondo sono provati nella pacifica lotta che ci sta davanti, al vostro fianco e guidate dal vostro mite perseverare, invochiamo: «Gloria al Padre, al Figlio, allo Spirito santo, Dio santo, forte, immortale: gloria a Te!».

Giulio Albanese[*]

Care sorelle e fratelli che sperimentate la passione di nostro Signore nelle periferie del mondo, ho deciso di prendere, per così dire, penna e calamaio con l'intento di condividere il vostro dolore. Ogni potere coercitivo di questo mondo – voi lo sapete più di me – quando si sente minacciato, impone violentemente ordine, disciplina e obbedienza assoluta, soffocando ogni dissidenza.

Le recenti vicende libiche, siriane, irachene e nigeriane la dicono lunga sul delirio di quei despoti, famelici e rissosi, capaci di seminare impunemente morte e distruzione. Su questo tema Gesù è stato molto chiaro, ammonendo severamente i suoi discepoli, mossi dall'ambizione e dalla vanità: «Voi sapete che i governanti delle nazioni domi-

* Nato a Roma nel 1959, è entrato a far parte della Congregazione dei Missionari Comboniani nel 1980 ed è stato ordinato sacerdote nel 1986. È direttore delle riviste missionarie delle Pontificie Opere Missionarie (PP. OO.MM. Italia) e membro del Comitato per gli interventi caritativi a favore del Terzo Mondo della Conferenza Episcopale Italiana.
Ha diretto il New People Media Centre di Nairobi (Kenya) e fondato la Missionary Service News Agency (Misna). Dal 2007 al 2013 ha insegnato Giornalismo missionario/Giornalismo alternativo presso la Pontificia Università Gregoriana di Roma. Collabora con diverse testate.

nano su di esse e i capi le opprimono». Un giudizio, questo, non certo lusinghiero verso le classi dirigenti di quel tempo, che è pronunciato con lo scopo di evitare che i suoi seguaci imitino i potenti: «Tra voi non sarà così, ma chi vuole diventare grande tra voi, sarà vostro servitore e chi vuole essere il primo tra voi, sarà vostro schiavo» (Mt 20,25-27).

È per questo motivo che noi, abitanti della vecchia Europa, dovremmo evitare atteggiamenti che appartengono alle strutture del potere, quelle che rispondono al *diktat* dell'interesse. Esse difendono sé stesse e i loro privilegi, ma sono estranee al messaggio della Buona Notizia che i veri credenti hanno, invece, l'impegno di vivere e annunciare. Si tratta di una conversione del cuore che voi, coraggiosi martiri del Terzo Millennio, testimoniate quotidianamente, interpretando fedelmente il più audace degli insegnamenti di Gesù: «Beati voi quando vi insulteranno, vi perseguiteranno e, mentendo, diranno ogni sorta di male contro di voi per causa mia. Rallegratevi ed esultate, perché grande è la vostra ricompensa nei cieli. Così infatti perseguitarono i profeti che furono prima di voi» (Mt 5,11-12).

Sebbene dunque la persecuzione sia, umanamente parlando, una sventura, nella fede essa rappresenta la *parresìa* delle vostre comunità disseminate nei bassifondi della Storia. La *parresìa* è un termine greco che indica in generale la loquacità e, più in particolare, la libertà di parola, la franchezza, l'imparzialità di discorso e di giudizio. In una sua celebre missiva, don Tonino Bello, indimenticabile vescovo di Molfetta-Ruvo-Giovinazzo-Ter-

lizzi, scriveva che la *parresìa* «è il parlar chiaro, senza
paura di fronte alle minacce del potere... con tutta franchezza e senza impedimento, come recita il versetto fina-
le degli Atti degli Apostoli. Senza peli sulla lingua. Senza
sfumare per paura di quieto vivere. Senza mettere la sor-
dina alla forza della Verità...».

Prima di voi, care sorelle e fratelli, per fede, nel corso dei
secoli, uomini e donne di tutte le età, il cui nome è scritto
nel Libro della Vita (cfr. Ap 7,9), hanno confessato la
bellezza di seguire il Signore là dove venivano chiamati a
dare testimonianza del loro essere cristiani: nella famiglia,
nella professione, nella vita pubblica, nell'esercizio dei
carismi e ministeri ai quali furono chiamati.

Voi, oggi, in Medio Oriente, in Africa e in altre terre
geograficamente lontane, fate lo stesso, con quella teme-
rarietà che, per noi cristiani delle Chiese di antica tradi-
zione, non solo è motivo di edificazione, ma provoca
fortemente il nostro loquace perbenismo, fatto spesso di
meschina esteriorità.

Sempre don Tonino soleva ricordare ai suoi fedeli che
ogni retta coscienza dovrebbe avere l'audacia di chieder-
si: «Se essere cristiani fosse un delitto e voi foste condot-
ti in tribunale accusati di questo delitto, riuscireste a farvi condannare?». Chissà, «forse, molti di noi, per man-
canza di testimonianza», commentava provocatoriamen-
te don Tonino, «sarebbero prosciolti da ogni addebito,
senza ulteriore rinvio a giudizio, per insufficienza di prove». Anche perché se da una parte, apparentemente, gli
accusati avessero favorito il "crimine cristiano", dall'altra
lo avrebbero ostacolato nascostamente con scelte quoti-

diane di segno contrario. Che lo Spirito Santo ci aiuti a
fare sul serio, ben sapendo che sulle parole di don Tonino, un po' tutti – s'intende, noi credenti del cosiddetto
Primo mondo – vorremmo benevolmente fare la tara.
Pregate, dunque, per la nostra conversione. Perché voi,
amici miei, siete davvero beati, sul serio lo dico, mentre
noi siamo ancora inguaiati nelle pastoie di una società
alienante in cui a dettare le regole del gioco è il dio denaro. Ecco che allora, alla vostra scuola – in questo veloce e
complesso divenire in cui come Chiesa europea siamo
sempre più un piccolo gregge – abbiamo molto da imparare. Infatti, ascoltare coloro che provengono dalle periferie, dialogando con rispetto, è davvero l'unico modo
per incontrare l'altro, conoscersi, farsi conoscere e realiz-
zare una relazione di vita da cui far scaturire la bellezza
dell'essere cristiani.

Luigino Bruni[*]

Carissime sorelle e carissimi fratelli cristiani,
vorrei che queste mie povere parole arrivassero come una piccola, ma sincera, risposta al grido di dolore che si innalza dalle vostre terre dove la professione e la pratica della fede cristiana produce persecuzione e morte. Vorrei dirvi che non siete soli, non fosse altro perché qualcuno ha ascoltato il vostro grido. Anche se siamo distanti, sappiate che le vostre grida ci raggiungono, ci commuovono, ci fanno soffrire, ci svegliano.

Quando si soffre è importante gridare. Non dobbiamo dimenticare che la prima preghiera che incontriamo nella Bibbia è un grido, un urlo verso il cielo che si alza da un popolo oppresso: «Gli Israeliti gemettero per la loro schiavitù, alzarono grida di lamento e il loro grido dalla schiavitù salì a Dio» (Es 2,23).

* Nato nel 1966 ad Ascoli Piceno, è professore ordinario di Economia politica presso la Libera Università Maria Ss. Assunta – Lumsa di Roma, dopo aver ricoperto sino al 2012 l'incarico di professore associato di Economia politica all'Università Bicocca di Milano. Insegna anche Istituzioni di economia civile all'Istituto universitario Sophia di Loppiano (Firenze). È coordinatore internazionale del progetto Economia di Comunione del Movimento dei Focolari e co-fondatore della Scuola di Economia Civile. Collabora con diverse testate e ha scritto numerosi volumi.

La Bibbia ci ricorda allora l'importanza di gridare, per svegliare i fratelli, il mondo, persino per svegliare Dio. In Egitto, infatti, Dio taceva, come se avesse dimenticato la sua Alleanza con quel popolo che aveva scelto con il patto con Abramo e che ora era finito in schiavitù. La promessa si era abbuiata, il popolo dell'Alleanza era oppresso, perseguitato, schiavo in una terra straniera. Ma quel popolo oppresso riesce a trovare la forza per gridare e sarà il suo grido a porre fine a quella lunga notte.

E come quando Dio udì nel deserto il pianto di Ismaele, il bambino di Agar (Gen 21,17), anche ora ascolta un pianto-preghiera di oppressi, e risponde: «Dio ascoltò il loro lamento, Dio si ricordò della sua alleanza con Abramo, Isacco e Giacobbe. Dio guardò la condizione degli Israeliti, Dio se ne prese cura» (Es 2,24-25).

Occorre anche imparare a urlare. In quel grido di poveri oppressi si nasconde allora qualcosa di molto prezioso. Se anche Dio può *"dimenticarsi"* del patto e della promessa che ci ha fatto, ma se le grida del popolo oppresso sono riuscite a fargli ricordare le promesse fatte, allora gridare è molto importante. Se le urla di dolore dei poveri fecero terminare il silenzio del cielo e poi aprirono il mare, allora anche noi possiamo e dobbiamo gridare. Anche voi, sorelle e fratelli, potete e dovete gridare in attesa di risposte.

Gridare, però, non è sempre facile. Occorre innanzitutto credere che qualcuno raccoglie il nostro grido. Si grida quando si crede che l'altro ci può ancora ascoltare, e si può ricominciare. Il popolo ebraico gridò perché credeva ancora nell'Alleanza e nella promessa, e credeva che il cielo verso cui gridare non fosse vuoto. Quando, invece, si perde la fede-speranza che ricominciare è ancora possibile, il grido si spegne in gola, non si grida più, e il nongrido è il primo segno che in noi è morta la fede-speranza in quel rapporto.

Per questo, anche nel dolore della vostra persecuzione, non smettete di credere che qualcuno ascolta il vostro grido, e che un giorno anche il mare della vostra-nostra sofferenza si aprirà. Non fatevi rubare la speranza, direbbe papa Francesco.

Le persone, le comunità, popoli interi, hanno imparato a pregare gridando. Si scopre che il cielo non è vuoto quando lo chiamiamo forte chiedendo, implorando, che ci ascolti.

Anche se può apparirvi paradossale, l'assenza di grida può essere anche una grave forma di povertà. Noi in Italia lo vediamo tutti i giorni. I ricchi e i potenti non gridano, e così non possono essere liberati: restano schiavi nelle loro opulenze, e non fanno l'esperienza della liberazione, che è tra le più grandi e sublimi che la terra conosce. La grande indigenza della nostra società europea è indigenza di liberazioni, perché le ricchezze fittizie di merci ci stanno convincendo di non aver più bisogno di essere liberati. Siamo schiavi in altri lavori forzati, ma le nuove ideologie dei nuovi faraoni riescono a non farci sentire il bisogno di liberazione. Non c'è schiavitù più grave di chi non avverte la propria condizione di schiavo. È una schiavitù peggiore di quella di chi, sentendosi oppresso, non grida più perché crede che nessuno lo potrà ascoltare e liberare (che pur sono abbondanti nelle nostre città mute). Oggi molti tra i più poveri si trovano all'interno dei Paesi opulenti: non gridando non vedono o non riconoscono Mosè, e non assistono al miracolo di un mare che si apre verso una terra dove «scorrono latte e miele».

Pregate allora per noi, fratelli e sorelle, anche noi abbiamo bisogno delle vostre preghiere. Noi non gridiamo più perché siamo diventati troppo schiavi di consumismo e di edonismo per accorgerci di essere prigionieri e bisognosi di liberazione.

È solo tornando indigenti di liberazioni che ritroveremo tutti la forza di gridare insieme: vedremo arrivare nuovi Mosè e ci metteremo, nella festa e nel canto, in cammino per attraversare il mare.

Giuseppe dalla Torre[*]

Fratelli amati, ma mai abbastanza,
con sentimenti di vivo turbamento prendo la penna
e vi scrivo, superando una certa ritrosia che è dovuta più
ad imbarazzo che a pudore.

Secondo lo stile forgiato dalla nostra cultura, stenderei
subito parole di solidarietà, di vicinanza spirituale, di as-
sicurazione di preghiere perché il Signore vi aiuti a vincere la violenza e la paura. Ma mi rendo subito conto che
sarebbero parole certamente sentite, sincere, e tuttavia
che non toccano il fondo della questione; sarebbero parole che non colmerebbero lo spazio abissale tra la mia
condizione di fedele/infedele, superprotetta nella pro-

[*] Nato a Roma nel 1943, è laureato in Giurisprudenza e in Diritto canoni-
co. Ha insegnato Diritto all'Università di Bologna e poi alla Libera Università
Maria Ss. Assunta – Lumsa di Roma, della quale è stato per molti anni rettore e
nella quale insegna tuttora. Ha insegnato altresì in diverse Università Pontificie.
È presidente del Tribunale dello Stato della Città del Vaticano. È stato presidente dell'Unione Giuristi Cattolici Italiani, del Consiglio scientifico dell'I-
stituto Vittorio Bachelet dell'Azione Cattolica, vicepresidente delle Settimane
Sociali dei Cattolici Italiani. È attualmente presidente della società editrice
Studium. Collabora con diverse testate e ha al suo attivo oltre seicento pubblicazioni scientifiche.

pria debole fede da un ordinamento sanamente laico, e la condizione vostra, di una fede testimoniata con coraggio nella temperie della violenza morale e anche fisica.

Sento che debbo andare più a fondo, mettendo a nudo qualcosa che solo con disagio e rossore posso palesare. Sento però che soltanto così potrei aspirare a colmare quel divario; potrei pensare che la mia solidarietà non è vuota parola, facile proclamazione di vicinanza, ma effettivo inizio di partecipazione, in qualche modo anche nella carne, alle vostre sofferenze.

Insomma: prima di ogni espressione di solidarietà, debbo chiedere il perdono. Debbo cioè chiedere a voi il dono della vostra comprensione e del vostro amore, per me, per tutti noi cristiani di questo Occidente sazio e disperato, reso insensibile e ottuso sotto i morsi della secolarizzazione trionfante.

Chiedere perdono delle mie, delle nostre responsabilità, per i prolungati e ingiustificabili silenzi dinnanzi all'immane, continuo, crescente fenomeno della persecuzione a chi come voi professa Cristo, che segna il nostro tempo in molte parti del mondo; per le pavidità, per gli infingimenti, per i sottili distinguo, per la ricerca di scusanti inesistenti, per l'inerzia di fronte al sangue che vediamo scorrere sotto i nostri occhi, giorno dopo giorno.

A ben vedere sono, siamo in qualche modo complici dei vostri persecutori. È vergognoso ammetterlo. Non è certo una complicità intenzionale e diretta; ma ciò non toglie responsabilità per il silenzio dell'Occidente di fronte al male dilagante. Sorprende, ad esempio, che l'Europa o gli Stati Uniti non reagiscano – politicamente, diplomaticamente, economicamente, con i sofisticati strumenti del diritto internazionale – di fronte all'accavallarsi delle notizie, che si susseguono, di fatti di violenza e di stragi perpetrate nei confronti di cristiani. Ma ciò accade perché a sua volta la società civile è come anestetizzata da una certa idea della laicità, che induce a ritenere la religione non più un bene per cui valga la pena combattere; o peggio, a causa di un interessato opportunismo, per cui vale la pena tacere e guardare altrove magari per qualche barile di petrolio in più.

Certo io, noi cristiani d'Occidente, non condividiamo o non condividiamo appieno questi atteggiamenti e questo sentire. Ma siamo sostanzialmente acquiescenti nella nostra non reattività, nella nostra inerzia, mentre dovremmo giorno dopo giorno, ora dopo ora, continuare a gridare nelle vie, nelle piazze, sui tetti, la intollerabilità di certi fenomeni; dovremmo essere coerenti, anche per quanto attiene alla libertà religiosa, con la "fede" di noi occidentali sui diritti umani e con la nostra vocazione al proselitismo per la diffusione della loro professione e del loro rispetto. Non lottiamo per la libertà religiosa, quantomeno come lottiamo per altre idee e per altri beni. Non reclamiamo dai nostri Stati, dai nostri governi, dalle nostre istituzioni, dai nostri mass-media prese di posizioni non solo verbali.

È stato osservato che le grandi persecuzioni patite dai cristiani nei primi secoli, sotto la "grande Babilonia" dell'impero romano, impallidiscono rispetto all'odierna realtà della persecuzione di cristiani in varie parti del mondo. Credo che sia vero.

Allora fu detto: «*Sanguis martyrum, semen christianorum*», il sangue dei martiri è il seme che fa crescere i cristiani. Mi piace pensare che il vostro martirio possa essere per me, per noi, quasi un nuovo battesimo; che la vostra testimonianza possa fruttificare anche nella nostra crescita in una fede solida, adamantina, intrepida.

Di qui, con il perdono, un sentimento di profonda gratitudine per il nutrimento che alla mia/nostra fede viene dal vostro esempio.

Che il Signore Gesù aiuti tutti, voi e noi, nella beata speranza e nella perseveranza, fino a che il suo Regno arrivi.

Maria Voce[*]

Scrivo questa lettera avendo nella mente e negli occhi i vostri volti, le vostre persone e storie. Siete miei fratelli e vi sento tali perché Dio ci ha legati intimamente. Molti siete cristiani, altri musulmani o di fedi diverse. La vostra vita l'ho conosciuta visitando molte regioni del mondo dove si trovano comunità del Movimento dei Focolari. Ho ascoltato le vostre testimonianze e compreso i vostri drammi. Ho ammirato la vostra fede in Dio e il credere al suo Amore. Da qui la vostra pace, nonostante i conflitti che vi circondano, l'accoglienza e l'operosità che praticate verso chi ha sofferenze simili e più grandi.

[*] Nata ad Aiello Calabro (Cosenza) nel 1937, terminati gli studi in Giurisprudenza è entrata a far parte del Movimento dei Focolari, del quale è stata eletta presidente nel 2008, dopo la scomparsa della fondatrice, Chiara Lubich. È vice-gran cancelliere dell'Istituto Universitario Sophia di Loppiano (Firenze), consultrice del Pontificio Consiglio per i Laici e di quello per la promozione della Nuova Evangelizzazione. Ha partecipato al Sinodo su "La Parola di Dio nella vita e nella missione della Chiesa" e a quello dedicato a "La nuova evangelizzazione per la trasmissione della fede cristiana". Ricopre l'incarico di co-presidente del Consiglio Mondiale di Religions for Peace, insieme a rappresentanti di altre religioni e culture.

Ho condiviso, con voi cristiani, il comune amore per Gesù e i frutti che portano le Sue parole messe in pratica. Ma di più: ho intravisto in voi una particolare somiglianza a Lui.

Sono anni, ormai, in cui ogni giorno si diffondono nuove dolorose notizie dalle "terre insanguinate" dei Paesi del Medio Oriente, del Pakistan, dell'Afghanistan, della Nigeria, del Sudan, della Somalia e di molti luoghi della terra. Un atlante di dolore che si allarga a macchia d'olio. Un mondo che ingloba tutti noi e appare come un "grande Adamo" coperto di piaghe e contraddizioni[1]. Una sofferenza che tiene l'intera umanità col fiato sospeso.

Papa Francesco, mentre denuncia le persecuzioni in atto, ricorda la forza redentiva dell'"ecumenismo del sangue" dei cristiani, al di là delle tradizioni e delle denominazioni, anche per l'unità visibile tra le Chiese.

Un sacrificio che ci interpella. Molte le concause che hanno generato il proliferare di gruppi fondamentalisti, agenti di violenze e terrore. Tra esse i soprusi perpetrati dall'Occidente per secoli e fino ad oggi (basta ricordare l'ininterrotta vendita di armi!). La gravità dell'attuale situazione esige il concorso di tutti – singoli, governi, organizzazioni internazionali – per risolvere alla radice questo inedito problema planetario. Spesso lo si riassume come "fenomeno del terrorismo"; sappiamo però quanto sia legato al prolungarsi di un'ingiusta distribuzione di beni. Ma per far muovere i beni occorre muovere i cuori.

---

[1] Cfr. Chiara Lubich ai giovani dei Focolari sulla situazione del mondo, in *Colloqui con i gen, anni 1966-69*, ed. Città Nuova, Roma 1998, p. 116.

Le religioni, meglio, noi donne e uomini religiosi, consapevoli d'essere amati da un Padre che ci fa famiglia universale, abbiamo nel nostro DNA la capacità di attuare le
beatitudini di Gesù: «Beati gli operatori di pace..., beati
quelli che hanno fame e sete di giustizia..., beati i perseguitati a causa della giustizia..., beati quando vi insulteranno, vi perseguiteranno e, mentendo, diranno ogni
sorta di male contro di voi per causa mia...». Tutte premesse a quello che Gesù si aspetta da noi: essere il sale
della terra, la luce del mondo.

Gesù ha parlato chiaro, anche con i fatti, e, da allora, la
persecuzione fa parte dell'orizzonte dei cristiani: «Metteranno le mani su di voi e vi perseguiteranno... Non pre-
parate prima la vostra difesa; io vi darò parola e sapienza... Sarete traditi... Metteranno a morte alcuni di voi...
Ma nemmeno un capello del vostro capo andrà perduto».
Voi, soprattutto voi che soffrite nella vostra carne e nelle vostre terre le conseguenze della "notte collettiva"[2]
che l'umanità attraversa, impersonate il "grido" più so-
noro, che, se ferisce la terra, ferisce ancor più il Cielo.
Noi crediamo che il Padre, mentre accompagna le nostre personali esistenze e la sorte dei popoli, raccoglie
questo acuto grido di dolore e vi riconosce il riecheggia-
re del grido del Suo Figlio Gesù: «Dio mio, Dio mio,
perché mi hai abbandonato?».

---

[2] Espressione che ricorda quella di Maria Zambrano, filosofa spagnola
del '900. Quella qui riportata è stata coniata da Chiara Lubich, che vede in
Gesù crocifisso e abbandonato la chiave per penetrare la "notte collettiva"
dell'umanità.

Questo Gesù ci ha rivelato. Questo i grandi mistici hanno sperimentato. Questa la luce che accompagna anche il mio cammino. Luce che a mia volta, come molti di voi, ho ricevuto dal carisma di Chiara Lubich sgorgato dal grido di Gesù Abbandonato, il Dio dell'uomo di oggi. Quel grido esprime «la sua passione interiore», «la sua notte più nera», «il culmine dei suoi dolori», «il dramma di un Dio»; «infinito mistero, dolore abissale» provato da Gesù, «misura del suo amore per gli uomini» nel «prendere su di sé la separazione che li teneva lontani dal Padre e tra loro, colmandola»[3].

Concludo questa lettera e vorrei riproporre, a me e a quanti la leggeranno, questa bussola nella vita: Gesù nel Suo più grande dolore che raccoglie e dà senso ai nostri, ai vostri, a quelli di ogni uomo. Incontrare il suo "Volto", riconoscerlo, amarlo è la sorgente di senso e di forza per non sfuggire i mali e le divisioni che ci accerchiano, ma «per accettarli e consumarli e portarvi il nostro personale e collettivo rimedio»[4].

Carissimi tutti, provati dal dolore della persecuzione, la nostra preghiera è per voi. Ma la vostra fedeltà conferma la nostra. Insieme ogni giorno potremo, come Gesù dopo aver gridato, affidarci al Padre: «Nelle tue mani, Padre, consegno il mio spirito». Con Lui oltrepasseremo la notte e vedremo l'alba della risurrezione. Viviamo e preghiamo perché questo giorno arrivi presto.

---

[3]   Dal messaggio di Chiara Lubich *Per una cultura di comunione* alla manifestazione "Insieme per l'Europa", Stoccarda, 12 maggio 2007.
[4]   *Ivi.*

Franco Cardini[*]

Lettera di un cristiano privilegiato ai fratelli che Dio mette alla prova

Alla memoria di padre Stanley Rother, sacerdote cattolico dell'Oklahoma e missionario, martirizzato il 28 luglio 1981 a Santiago de Atitlán (Guatemala) dagli sgherri di un dittatore al servizio della United Fruits Company e della CIA; e del vescovo Juan José Gerardi, ucciso nel medesimo Paese nel 1998 per aver pubblicato un rapporto sulle violazioni dei diritti umani commesse dall'esercito.

Cari Fratelli e Sorelle,
chi Vi scrive è un vecchio professore di storia, un cristiano cattolico italiano che ha viaggiato molto, ma che tuttavia è nato e ha vissuto gran parte della sua vita in un

[*] Nato a Firenze nel 1940, si è laureato in Storia medioevale e ha perfezionato gli studi nelle università di Mosca e Poitiers. È professore emerito presso l'Istituto Italiano di Scienze Umane, annesso alla Scuola Normale Superiore. Ha insegnato per molti anni Storia medioevale all'Università di Firenze e in altri atenei europei ed extra-europei. È membro del Consiglio direttivo dell'Istituto Storico Italiano per il Medio Evo. Consulente di alcune case editrici, collabora con diverse testate.

Paese e in una condizione privilegiati entrambi. Un vecchio professore cattolico che stima di aver fatto ben poco, in vita sua, per mettere in pratica quel Vangelo nel quale ha sempre detto di credere e al quale ha sempre ritenuto d'ispirare la sua esistenza. Certo, quando mi confronto con molti miei compatrioti e correligionari, spesso mi sento – lo confesso – migliore di loro: più cosciente, più onesto, più generoso. Ho sempre stimato che sia cosa non facile affermare con coraggio la propria fede e la propria identità religiosa in un contesto socioculturale in gran parte dominato da agnostici e da atei: e a volte mi è capitato di mettere un po' in sottotono la mia fede per non passare da "clericale", da "integralista", da "fanatico". Che cosa avrei rischiato, in questi casi? Quasi nulla: qualche discussione magari antipatica, qualche piccolo dispetto professionale, qualche trascurabile forma di ostracismo mediatico. Eppure, queste mie piccole quotidiane viltà mi sono sembrate logiche, naturali, quasi legittime; peccati veniali, nella più sfavorevole delle ipotesi.

Ecco perché mi vergogno, rivolgendomi a Voi. Ecco perché mi sento a disagio nel paragonare il mio cattolicesimo comodo e tiepido, che mi costa al massimo un po' di beneficenza, con le prove che voi siete costretti ad affrontare in tanti Paesi soprattutto tra Africa e Asia: dove si bruciano le chiese, dove si uccidono i fedeli solo perché sono tali, dove si segnano con la vernice colorata le case dei cristiani esattamente come nella Germania nazionalsocialista s'imbrattavano i muri delle abitazioni e le vetrine dei negozi degli ebrei. Difatti voi non siete perseguitati e talora uccisi per qualcosa che abbiate *fatto,* ma solo per quel che *siete*; venite condannati e talora martirizzati solo perché avete la colpa di esistere. Non vi si nega il diritto di professare la vostra fede: vi si nega, a causa di essa, il diritto di vivere.

E noialtri, cristiani "occidentali", abbiamo pesanti colpe in quello che Vi sta accadendo. I nostri comodi cedimenti, le nostre viltà travestite da tolleranza, hanno contribuito a creare un clima generale all'interno del quale sono stati possibili, sia pure indirettamente, anche i delitti commessi contro di Voi. Troppo a lungo abbiamo accettato che quello anticristiano fosse, anche da noi, "l'unico pregiudizio accettabile".

Se è vero che molti, troppi musulmani reagiscono in modo eccessivo e magari perfino criminale a quelle che loro sembrano – e forse nemmeno sempre sono – offese al Profeta o al Corano, è non meno vero che, per esempio, i cristiani cattolici hanno lasciato ormai radicarsi la convinzione che ogni tipo di offesa e di contumelia contro Gesù Cristo, la Vergine, i santi, la Chiesa e la fede sia legittimo e al limite spesso perfino segno, in chi se ne rende responsabile, di libertà e di vigile senso critico e, in chi lo subisce senza reagire, di tolleranza se non addirittura di più o meno fine *humour.* Se avessimo avuto la dignità di reagire con fermezza a quegli insulti, senza paura di passare per "intolleranti", oggi forse l'apprezzamento nei confronti del cattolicesimo sarebbe nel mondo differente e magari anche nei Vostri Paesi si esiterebbe un po' di più prima di attaccarVi.

Può darsi tuttavia che qualcosa si muova. È recentissima la notizia che la "punk band" vicentina *The Sun,* il *leader* della quale è il cantautore Francesco Lorenzi, ha messo in circolazione un album pop/rock in italiano dal titolo *Le case di Mosul* dedicato a un professore iracheno di diritto, il professore Mahmoud el-'Asadi, ucciso nell'estate scorsa da jihadisti dell'IS per aver avuto l'onestà e il coraggio di difendere, da musulmano, i diritti dei cristiani secondo la legge islamica. E pensiamo anche ad Ahmed, il poliziotto parigino musulmano caduto il 7 gennaio scorso sotto i colpi di terroristi sedicenti suoi correligionari per aver difeso la sede di *Charlie Hebdo*. Ma per un musulmano martirizzato in seguito alla sua coraggiosa difesa dei cristiani, quanti cristiani che invece non corrono pericolo alcuno – e che di solito condannano l'Islam in blocco, facendo di ogni erba un fascio – adottano la politica dello struzzo dinanzi alle sempre più frequenti notizie di stragi dei loro fratelli?

E c'è di più. Qualcosa di più profondamente disgustoso per un verso, tragico per un altro. A perseguitarVi e ad ucciderVi, cari fratelli, di solito non sono dei fanatici miliziani venuti da chissà dove, stranieri che non Vi conoscono e che non capiscono la Vostra lingua. Sovente sono i Vostri vicini di casa, i musulmani o gli indù della porta accanto, quelli con i quali fino a qualche mese o qualche anno fa avete condiviso il peso e le difficoltà della vita di tutti i giorni. Un tempo non era affatto così. Per secoli, comunità cristiane e comunità musulmane, e talora spesso anche ebraiche, sono vissute in molti Paesi a contatto di gomito, facendo la stessa vita, spesso condividendo le gioie, i disagi, i dolori. Così come i Buddha di Bamian e il complesso archeologico di Nimrud sono stati tramandati per molti secoli in terra musulmana senza che nessuno pensasse a deturparli o a distruggerli. L'odio manifestato dai fanatici jihadisti è un fenomeno recente e dovuto a una tanto cinica quanto ben calcolata propaganda.

In sintesi, cari fratelli, siete perseguitati in quanto su di Voi pende l'assurda, ridicola accusa di essere degli "alleati obiettivi" dell'Occidente che i jihadisti definiscono "cristiano" quando non addirittura *tout court* "crociato". Nell'Islam è diffuso il pregiudizio, che dilaga specie nei ceti meno abbienti e meno corretti ma che riceve spesso conferma casuale e malintesa, che l'Occidente sia una "Cristianità" come più o meno poteva essere fino a circa tre secoli fa. E poiché l'Occidente è stato colonialista e oppressore, ecco giunta per molti l'ora della rivalsa, della vendetta. La persecuzione contro di Voi è presentata dai Vostri aguzzini come il più recente capitolo di una millenaria contesa, il "conflitto di civiltà" tra Cristianità e Islam. Peccato solo che tale conflitto non esista e non sia mai esistito: ma il crederci fa comodo perché fornisce le masse di manovra a poteri statali o lobbistici che stanno conducendo una lotta, quella sì fin troppo vera, tesa al controllo sul mondo e all'egemonia intercontinentale.

Ma allora a che cosa si mira in concreto, perseguitandoVi? Non è che si voglia soltanto la Vostra sparizione. Siamo in realtà dinanzi a un orribile e ripugnante piano strategico, a un vile crimine: si sta sistematicamente fomentando, da parte dei ricchi, la guerra tra poveri; alla quale alcuni poveri musulmani o indù si prestano, incitati a ripulire il loro Paese dalla "peste" dei poveri cristiani accusati di essere la Quinta Colonna dei "cristiani" occidentali che li guiderebbero e gli interessi dei quali in Oriente essi si sforzerebbero di appoggiare. Dall'altra sponda, tra noi occidentali che individualmente possiamo anche essere dei cristiani ma che viviamo in una società scristianizzata, esistono complici in affari di quelli che pianificano gli attacchi contro di Voi, i quali dal canto loro spiegano ai nostri poveri – perché anche noi ne abbiamo – che se non hanno lavoro ciò dipende dall'afflusso di migranti extracomunitari, *longa manus* degli jihadisti musulmani che si stanno preparando a invaderci. Chi si presta a questo gioco, chi cade in questa trappola, fa esattamente come i poveri indù e musulmani che attaccano le chiese e gli ospedali cristiani: danza su una musica scritta dai padroni del mondo, da coloro che stanno gestendo un'economia globalizzata che permette a più o meno il 10% della popolazione mondiale di detenere e di gestire il 90% delle ricchezze e delle risorse del pianeta lasciando gli altri, la stragrande maggioranza, nella miseria e nell'abiezione.

Chi Vi uccide, chi incendia le Vostre chiese e i Vostri ospedali, è un povero come Voi al quale dei predicatori-missionari largamente foraggiati da opulenti personaggi che manovrano *sharia,* capitali e petrolio hanno raccontato che ad affamarlo sono i "crociati" occidentali e che Voi siete i loro alleati. Quelli che da noi esigono che non si soccorrano più i profughi e che non si offra più asilo ai migranti e indica nell'Islam globalmente inteso il grande pericolo che minaccia la pace nel mondo, sono dei poveri appena un po' meno di Voi e dei Vostri carnefici; e sono inconsapevolmente al servizio di gente che combina grassi affari con gli opulenti personaggi che armano la mano dei Vostri assassini. Voi poveri siete tutti divisi e disorientati: ma i Vostri sfruttatori sono uniti e concordi fra loro. Vedete d'altronde dalla dedica che ho apposto a queste pagine che vi sono altri nostri fratelli cristiani, addirittura vescovi e sacerdoti (ricordatevi di Óscar Romero), che vengono uccisi in un contesto molto diverso dal Vostro: e non da musulmani o da indù, ma da gente che magari si proclama cristiana e che pure è al servizio, lo sappia o no, delle medesime forze al servizio delle quali stanno i Vostri carnefici.

Dio Vi dia la forza di perdonare coloro che Vi perseguitano perché, come i persecutori di Gesù, non sanno quello che fanno; e conceda a Voi e a loro di aprire finalmente e del tutto gli occhi sulla realtà e d'individuare senza odio ma con chiarezza il nemico comune.

Mary Melone[*]

Fratelli carissimi,
nel mese di ottobre 2014 ho partecipato a un viaggio in Turchia sulle orme di Paolo, che prevedeva anche una sosta a Iconio, dove avremmo potuto celebrare l'Eucaristia presso la piccola comunità di suore della città. Purtroppo abbiamo accumulato un forte ritardo: durante il tragitto, le suore continuavano a chiamare la nostra guida e noi pensavamo che fosse per una questione di organizzazione degli orari della comunità. Solo quando siamo arrivati abbiamo capito il motivo della loro preoccupazione: con nostra grande sorpresa, ad attenderci c'era una comunità di cristiani profughi, in maggioranza fuggiti dalla Siria. Ci hanno atteso per quasi due ore, ma sui loro

* Nata a La Spezia nel 1964, è entrata a far parte della Congregazione delle Suore Francescane Angeline nel 1983. Ha emesso la professione perpetua nel 1991. È rettore della Pontificia Università Antonianum di Roma, dove insegna Teologia Trinitaria e Pneumatologia alla facoltà di Teologia. Dal 2002 al 2008 ha ricoperto l'incarico di preside dell'Istituto Superiore di Scienze Religiose Redemptor Hominis della stessa Università. Dal 2014 è presidente della Società Italiana per la Ricerca Teologica (SIRT). È autrice di numerose pubblicazioni.

volti non c'era né insofferenza né irritazione; c'era solo una dignitosa, composta sofferenza, unita al desiderio di celebrare l'Eucaristia. Parlavano esclusivamente in arabo, ma nonostante la difficoltà di comprenderci, abbiamo formato una vera assemblea che è divenuta un unico corpo nella partecipazione all'Eucaristia.

Siamo ripartiti subito dopo e stranamente, sul pullman, per un po' ha regnato il silenzio: tutti avevamo nel cuore l'esperienza appena fatta e negli occhi l'immagine dei volti di quei cristiani perseguitati, dei loro sguardi. Tutti avevamo visto alcuni di loro piangere sommessamente durante la preghiera eucaristica; tutti avevamo notato l'insolita partecipazione dei bambini, belli, vivaci e tristi allo stesso tempo.

Vorrei partire da questa esperienza per rivolgermi a tutti voi, fratelli cristiani perseguitati: certo sono tante le cose che si vorrebbero dire, le domande che si vorrebbero formulare. Ma pensando a quell'esperienza, sento il bisogno di iniziare dicendo a tutti voi il mio grazie tanto semplice, quanto profondamente sincero.

Grazie per la testimonianza coraggiosa di fedeltà, che ci raggiunge da parte vostra senza retorica, senza grandi discorsi, ma con la potenza della vostra perseveranza nella fede dei padri, nella fede nel Cristo morto e risorto, nonostante il rischio, il timore, il non senso di ciò che accade intorno a voi.

Grazie per il coraggio nella sofferenza: fuggire, lasciare le proprie case, i ricordi di una vita, i propri sogni e i progetti per i propri figli senza sapere nulla del domani, anzi, sperando che ci sia un domani, è forse la sofferenza più grande, che noi possiamo accogliere con vicinanza, alleviare con solidarietà, ma che resta comunque e si vede impressa nei vostri volti, quando siete costretti alla fuga. Ma grazie soprattutto per l'aiuto che voi date a tutti noi, noi per i quali vivere la fede cristiana non costa nulla. Sì, voi aiutate noi molto più di quanto noi possiamo fare per voi. Ci aiutate a dare valore al nostro vivere da cristiani, ci aiutate a porci domande profonde.

La dignità e il coraggio, che ho visto sui volti di quei fratelli profughi e che ricordano i volti di tutti voi, ci interrogano su quanto vale davvero per noi essere cristiani, su quanto saremmo disposti a dare di noi, su cosa saremmo disposti ad affrontare per poter continuare a essere cristiani, per poter confessare, pacificamente ma senza compromessi, la nostra fede in Dio, Padre di Gesù Cristo, vero Dio e vero uomo, Signore nello Spirito.

L'intensità della preghiera condivisa con quei fratelli profughi, e vista tante volte nelle immagini di voi che ci raggiungono, ci pone una domanda seria su quanto siamo consapevoli che è un dono immenso avere la possibilità – quotidianamente! – di partecipare all'Eucaristia, di poterci nutrire del corpo di Cristo, l'Unico che può alimentare e sostenere anche in noi la capacità di dono e di perdono. Noi che possiamo accostarci ogni giorno a questa mensa, spesso lo facciamo con stanchezza, con disattenzione, con ingratitudine; voi, che dovete attendere nell'incertezza ogni celebrazione, ci ricordate il valore e il senso di quel pane di vita.

Guardando a voi, riscopriamo in modo nuovo la bellezza di essere una sola Chiesa, una comunità reale, e ci sentiamo orgogliosi di esserlo, orgogliosi di scoprirci vostri fratelli e sorelle nella fede, di pensare che, anche se non ci conosciamo, siamo uniti nell'amore di Cristo, siamo legati a voi non con le parole ma con il cuore.

Carissimi, abbiamo bisogno della vostra testimonianza e per questo vi siamo grati. La vostra fedeltà è un dono alla Chiesa di tutto il mondo. Voi siete un dono per tutti noi. L'affetto, la vicinanza e la solidarietà con cui vorremmo esprimervi questa nostra consapevolezza siano anche il nostro grazie più sincero. Lo mettiamo nel cuore di Cristo, attraverso le mani della Madre sua, la Vergine Maria, perché vi benedica, vi protegga, e vi faccia sempre sentire che non siete soli!

Francesco Montenegro[*]

Lettera a un cristiano perseguitato

Caro amico,
non ci conosciamo e forse non avrò mai la gioia di incontrarti per parlare con te e per ascoltare la tua esperienza, però la fede che tu ed io professiamo ci spinge a credere che siamo fratelli, creati dallo stesso Dio e amati dallo stesso Gesù. Siamo fratelli che tante volte hanno pregato il *Padre nostro* sapendo di essere accomunati da uno stesso credo e dall'appartenenza all'unica famiglia umana. Ho deciso di accogliere l'iniziativa di questo libro e di indirizzarti questa lettera per vivere un piccolo esercizio di comunione. Spero tanto tu possa leggere questi scritti

* Nato a Messina nel 1946, ha ricevuto l'ordinazione sacerdotale nel 1969. Dal 2008 è arcivescovo di Agrigento. Creato cardinale da papa Francesco nel 2015, è presidente della Commissione episcopale per il servizio della carità e la salute e presidente della Caritas Italiana, incarico, quest'ultimo, che aveva già ricoperto dal 2003 al 2008. È anche membro del Pontificio Consiglio della pastorale per i migranti e gli itineranti e del Pontificio Consiglio Cor Unum. È stato presidente della Fondazione Migrantes e della Commissione episcopale per le migrazioni.

provenienti da diverse parti d'Italia e trovare in essi un motivo in più per andare avanti.

I mezzi di informazione da tempo ci dicono quello che tu ed altri state vivendo. Immagino che quello che arriva a noi sia la minima parte di ciò che accade realmente nella tua terra e che ogni giorno vi porta a mettere a repentaglio la vita per il Vangelo; chissà quanta sofferenza, chissà quante umiliazioni, chissà quante prove state affrontando per amore della nostra fede!

Le parole, a volte, possono risultare vuote; ma in alcune circostanze sono gli unici strumenti di cui disponiamo per esprimere i nostri stati d'animo; attraverso parole piene di preghiera e di affetto vorrei dirti che mi sento vicino a te; non so perché a soffrire devi essere tu e non io; perché per te deve essere rischioso andare a messa e per me no; perché nella tua terra ci sono persone che hanno deciso di perseguitare i cristiani e qui no… non lo so, ma so che mi sento lì accanto a te e sento tutta la forza della tua testimonianza. Di questo ti sono grato. E penso che se ogni giorno, io come tanti altri cristiani, provo ad affrontare la buona battaglia della fede è perché in tante parti del mondo ci sono persone come te che rischiano la vita per dire a testa alta che Dio ci ama.

Quello che tu vivi mi insegna che la fede è una cosa seria: è, sì, un incontro con una Persona viva che ci ama, ma non è certo una realtà da prendere a cuor leggero. Quella Persona che da noi si è fatta incontrare è il Crocifisso, è Colui che ci ha detto che se vogliamo seguirlo non abbiamo altra strada da percorrere che la croce, rinnegando tutto il resto, e che la nostra stessa vita è poca cosa rispetto alla vita piena che Lui ci ha promesso e ci ha regalato. Tu mi insegni che per la fede si può morire e che la fede ti spinge a stare da una parte ben precisa. La tua forza mi ricorda che la testimonianza della fede esige coraggio e se tu, lì dove ti trovi, anche senza l'uso di parole ma con gesti precisi, hai il coraggio che ti porta a fare ciò in cui credi, io qui ho il dovere di essere altrettanto coraggioso nella denuncia del male, dell'ingiustizia, dell'oppressione. Tu mi stai sollecitando a recuperare la parola severa di Gesù: «Sia il vostro parlare: "Sì, sì", "No, no"; il di più viene dal maligno». Il tuo esempio è per me invito costante a non scendere a compromesso con il male e a non imboccare mai la via della mediocrità. Se qualcosa ho letto sulla speranza, è pensando a te che capisco bene cosa voglia dire «sperare contro ogni speranza», lottare sapendo di avere Dio dalla propria parte, camminare – e qualche volta sanguinare – senza mai smettere di guardare il Cielo.

Alle parole del Vangelo che presentano Gesù mentre incoraggia i suoi a non avere paura perché Lui è con loro e li assisterà sempre riesco a dare un "volto" preciso pensando a come in ogni istante conduci la tua vita. «La vittoria che vince il mondo è la nostra fede»; grazie, fratello caro, perché la tua fede unita a doppio filo con la tua vita è un'autentica vittoria rispetto alla violenza dell'uomo e alla barbarie della persecuzione. La tua lotta quotidiana è per me e per tutti i cristiani un'autentica benedizione; so bene quanto ti costa: però, con la mano tesa, ti chiedo di continuare a benedirci e a fare in modo che non si spenga nel tuo angolo di mondo la luce della fede.

Queste poche righe che ti ho indirizzato ti rafforzino nella certezza di non essere solo; hai tanti fratelli che in questo momento pregano per te e per tutti quelli che stanno sperimentando la persecuzione; tanti fratelli che stanno provando a far sentire la loro voce affinché i potenti della terra prendano le decisioni giuste e consentano a ogni persona di essere lasciata libera nella confessione della propria fede; tanti fratelli che alzano lo sguardo verso il Padre affinché aiuti tutti i Suoi figli.

Scusami se ti ho dato l'impressione di scriverti solo facili, belle e buone parole, sappi che ciò che desidero è poterti dare un forte e affettuoso abbraccio, perché in questo modo riuscirei a dirti meglio ciò che ho nel cuore.

Grazie perché scrivendoti mi hai permesso di parlarmi e dirmi come vivere la mia fede. Grazie per la tua testimonianza, grazie per il tuo coraggio, grazie per la tua fede!

Ermenegildo Manicardi[*]

Carissime sorelle e carissimi fratelli, nella prova della «tribolazione», voi siete vicini all'Agnello immolato e vincitore. Per questo oso rivolgervi queste parole che scrivo nei giorni in cui ricorrono i quarant'anni della mia ordinazione sacerdotale.

Mentre penso a voi sento risuonare con verità nel mio cuore, come pronunciate dalle vostre labbra, le parole che san Paolo affidò con sincerità e affetto ai Corinzi:

«In quello in cui qualcuno osa vantarsi – lo dico da stolto – oso vantarmi anch'io. Sono Ebrei? Anch'io! Sono Isra-

[*] Nato a Carpi (Modena), ordinato sacerdote nel 1975, è rettore dell'Almo Collegio Capranica di Roma dal 2004 e docente di Esegesi del Nuovo Testamento presso la Pontificia Università Gregoriana e la Pontificia Università della Santa Croce di Roma.
È stato docente di Esegesi Biblica e preside dello Studio Teologico Accademico Bolognese (1987-2004): quando nel 2004 questa istituzione è diventata Facoltà di Teologia dell'Emilia Romagna, ne ha coordinato l'avviamento e l'ha guidata in qualità di primo preside. Consultore del Sinodo dei Vescovi, ha partecipato come esperto a tutte le assemblee ordinarie dal 2005 al 2014. È stato membro eletto del Consiglio di Presidenza dell'Associazione Biblica Italiana per vent'anni.

eliti? Anch'io! Sono stirpe di Abramo? Anch'io! Sono
ministri di Cristo? Sto per dire una pazzia, io lo sono più
di loro: molto di più nelle fatiche, molto di più nelle pri-
gionie, infinitamente di più nelle percosse, spesso in pericolo di morte. Cinque volte dai Giudei ho ricevuto i
quaranta colpi meno uno; tre volte sono stato battuto con
le verghe, una volta sono stato lapidato, tre volte ho fatto
naufragio, ho trascorso un giorno e una notte in balìa
delle onde» (2Cor 11,21-25).

Carissimi, come l'apostolo Paolo, sottomesso alle prove,
è stato il fondamento della gioia dei suoi fratelli credenti,
così oggi voi lo siete per noi. Voi non ci scrivete lettere,
ma la vostra testimonianza corre nel mondo intero e, al di
là delle apparenze, non ci sono forze capaci di farla tacere.
Pensare a voi ci mette di fronte all'essenziale della vita
cristiana. Dalla vostra vita e dalle vostre scelte ci vengono
non solo commozione e solidarietà, ma anche forza e
chiarezza. La sofferenza, che avete da affrontare, rende
evidente che la vita cristiana è chiamata a realizzarsi in un
"a corpo a corpo" con la realtà cupa e pervasiva del male.
Per essere davvero misericordia e riconciliazione, il Vangelo si realizza sempre come lotta spietata e terribile contro gli innumerevoli tentacoli del male. Molti cristiani
sognano una vita di discepoli del Signore che si limiti a
un cammino ascetico "di bene in meglio", affaticandosi
con costanza nel percorso virtuoso della dedizione agli
altri e al Signore. In un tale progetto, però, è nascosta una
lacuna di Vangelo, in realtà vistosa: il percorso virtuoso,
anche se impegnativo e meritevole, rimane un cammino

secondo i disegni dell'uomo. Non è un cammino aperto da un ascolto capace di portarci fuori di noi stessi, ma è una proposta autonoma che ha al suo centro il soggetto umano e rimane circoscritto nel suo cerchio. Sappiamo bene, però, che l'obbedienza al Signore si compie e la fede si approfondisce solamente quando siamo portati per le vere vie di Dio, che noi non conosciamo e che non abbiamo deciso.

Entrando in cammini "non nostri", molte cose diventano difficili e corriamo il rischio serio di vacillare. Quelle strade, però, hanno il crisma della sicura autenticità e la nostra fede assume la natura pura dell'accoglienza del disegno di Dio. È così difficile, nella confusione di tante sensazioni e aspettative, essere certi dell'autenticità della fede e del proprio cammino religioso. Entrando nell'obbedienza, segnata dalla tribolazione, il cristiano ripercorre il cammino di Cristo e arriva al culmine della vita d'amore oblativo.

La vostra vita, sofferente e distrutta, è il segno evangelico che il rifiuto della violenza e il perdono sono l'autenticazione del Vangelo. La violenza, che voi subite, vede all'opera uomini come noi, forse dei nostri stessi ambienti, ma sappiamo bene che tale irruzione nel tessuto delle relazioni umane è in realtà l'esplosione di qualcosa di più grande di tutti noi: c'è davvero un mistero del male, che è il vero avversario del Vangelo. San Giovanni Paolo II, ormai anziano, ha sostenuto che l'unico vero limite al male è la misericordia di Dio. Solo al subentrare della misericordia divina il male è costretto a fermarsi e quello che era torbida sporcizia deve cedere il passo alla luce. Il martirio, che voi subite e offrite, è parimenti un confine imposto al male. In voi il male, che uccidendovi crede di vincere, trova un punto in cui deve arrestarsi e proprio quegli uomini che sembravano sconfitti dall'odio e dalla cattiveria appaiono come i veri figli di Dio, che hanno ereditato la sua misericordia. Voi, percorrendo questa strada scoscesa, siete l'allargamento della misericordia di Dio, che blocca e circoscrive il mistero del male.

Mentre chiudo queste righe, sento nitida la voce di tutti voi, che con autorevolezza ripete le parole di San Giacomo:

«Considerate perfetta letizia, miei fratelli, quando subite ogni sorta di prove, sapendo che la vostra fede, messa alla prova, produce pazienza. E la pazienza completi l'opera sua in voi, perché siate perfetti e integri, senza mancare di nulla.

Beato l'uomo che resiste alla tentazione perché, dopo averla superata, riceverà la corona della vita, che il Signore ha promesso a quelli che lo amano» (Gc 1,2-4.12).

Grazie per il profumo di Vangelo e di Nuovo Testamento, che avete accettato di diffondere sulla terra ferita e nella nostra casa. Ne godo anch'io e ne godiamo tutti noi. Quando il Signore ritornerà, ci ritroveremo tutti «e così per sempre saremo con il Signore» (1Ts 4,17).

Giovanni Cesare Pagazzi[*]

Ciao care, ciao cari,
come state? C'è qualcosa che posso fare per voi oltre a pregare e scrivere questa lettera? Per favore, fate sapere e vedrò che cosa posso fare. Nel frattempo vi scrivo cosa state facendo per me.

Se voi state leggendo questa lettera, significa che siete ancora in questo mondo che, sì, ha deluso la speranza iniziale del suo Creatore, ma non l'ha indebolita, anzi! Siete ancora pellegrini su questa terra, ma magari piangete persone che vi sono state tolte non perché al termine di una malattia o di una lunga vita, ma perché credevano nel Signore Gesù, Dio grande e amico degli uomini. E mentre piangete, anche voi rischiate di perdere la vita, rimanendo fedeli. Chissà quanta tristezza, quanta paura

[*] Nato a Crema nel 1965, è stato ordinato sacerdote a Lodi nel 1990. Insegna Teologia Sistematica presso la Facoltà Teologica dell'Italia Settentrionale ed Estetica del Sacro presso l'Accademia delle Belle Arti di Brera, a Milano. È professore invitato alla Pontificia Università Gregoriana di Roma. Assistente diocesano della Federazione Universitaria Cattolica Italiana e dell'Associazione Guide e Scout Cattolici Italiani, è collaboratore pastorale della parrocchia di Santa Maria Assunta a Lodi. È autore di molte pubblicazioni.

e angoscia provate! Proprio gli stessi sentimenti provati da Gesù, il Martire fedele, nel Getsemani.

Per questa vostra resistenza io sono pieno di orgoglio e da un po' di tempo a questa parte mi vanto, andando in giro come non mai a testa alta perché proprio voi siete miei e proprio io (sì, perfino io!) sono vostro. Mi si è raddrizzata la schiena e nuova energia mi è arrivata, ricordando come ciascuno di voi e le vostre comunità resistiate. Mi è tornato il desiderio di resistere a mia volta allo sforzo, a non temerlo, poiché solo sotto sforzo si diventa forti.

Non sono qui a fare il tifo per voi; non ne avete bisogno. Sono io ad aver bisogno del vostro incitamento e del vostro incoraggiamento, affinché anch'io – sotto sforzo – resista. Comincio a capire le parole della Lettera agli Ebrei (Eb 11-12,5) che, a chi inizia uno sforzo prolungato, mostrano il gran numero di donne e uomini che hanno resistito, che stanno resistendo... e che fanno il tifo.

Resistere si può e perciò sforzarsi si deve. E questo è il grande regalo che mi fate. Sì, amici, perché anch'io, anche noi qui – dove viviamo una libertà che purtroppo voi non godete – dobbiamo resistere, come una specie di martirio quotidiano che non mette a rischio la vita, ma il suo motivo e il suo sapore: la speranza. Tutto infatti appare troppo grande e irraggiungibile, e le forze così fiacche. Così ci si sente stanchi prima ancora d'aver resistito... e ci abituiamo a non resistere a ciò che ruba la nostra speranza e quindi la nostra gioia. Ecco, cari, io sento le vostre vicende come chi, disabituato a camminare o a usare la mano, sente l'incoraggiamento del fisioterapista: dai! Sforzati! Si può! La vostra vita e quella di chi è morto per Gesù è per me, per noi, come l'inizio di un processo di riabilitazione alla speranza, agli sforzi necessari per recuperarla, custodirla, accrescerla e trasmetterla. Grazie cari.

Probabilmente non vi vedrò in faccia mai; o magari solo alcuni. Spero che, anche grazie al vostro incitamento, io possa conoscervi in Paradiso, dove insieme faremo il tifo a chi su questa terrà sarà chiamato a resistere.

Non so come, ma non dimenticate di farmi sapere cosa posso fare per voi.

Un bel bacio.

Angelo Scola[*]

Carissimi fratelli e sorelle,
non posso cancellare il ricordo dei vostri volti, incontrati durante il mio recente viaggio in Libano e in Iraq, su invito del patriarca di Antiochia dei maroniti, Sua Beatitudine il cardinale Béchara Boutros Raï, e del patriarca di Babilonia dei caldei, Sua Beatitudine monsignor Louis Raphaël Sako.

Non posso togliermi dal cuore e dalla mente l'affetto che, soprattutto nei campi a Erbil, mi avete mostrato: un af-

---

[*] Nato a Malgrate (Como) nel 1941, è arcivescovo di Milano dal 2011. Dottore in Filosofia e Teologia, nel 1970 ha ricevuto l'ordinazione sacerdotale. Ordinato vescovo nel 1991, ha guidato la diocesi di Grosseto sino al 1995 quando è stato nominato rettore della Pontificia Università Lateranense e preside del Pontificio Istituto Giovanni Paolo II per Studi su Matrimonio e Famiglia. Nel 2002 è divenuto patriarca di Venezia e l'anno successivo è stato creato cardinale. Nel 2004 ha creato la Fondazione Internazionale Oasis, che sostiene i cristiani che vivono nei Paesi a maggioranza musulmana e promuove la reciproca conoscenza e il dialogo tra cristiani e musulmani. Fa parte del Consiglio Permanente della CEI. È membro delle Congregazioni: della Dottrina della Fede, per le Chiese Orientali, per il Culto Divino e la Disciplina dei Sacramenti, per il Clero. È anche membro dei Pontifici Consigli: per i Laici, per la Famiglia, per la Cultura, per la Nuova Evangelizzazione. È autore di oltre 150 pubblicazioni.

fetto vivo per me in quanto semplice segno dell'amicizia che lega la Chiesa intera, sotto la guida di papa Francesco, a voi.

Ricordo in modo speciale gli abbracci dei bambini e la generosità dei volontari, uomini e donne sfollati a loro volta, o provenienti da Paesi vicini come il Libano, ma anche da lontano, dagli Stati Uniti e dall'Australia. Soprattutto non posso dimenticare la situazione drammatica, al limite dell'umano, che state vivendo con grande dignità.

Mi ha impressionato la condizione di radicale povertà nella quale siete costretti a vivere dopo che, in modo repentino per l'avanzata minacciosa dei terroristi, avete dovuto abbandonare la vostra città, la vostra casa, il vostro lavoro, e vi siete ritrovati all'addiaccio sul ciglio di una strada o riparati in campi di tende o caravan, dove le temperature arrivano d'estate ai 50 gradi.

Eppure, nonostante queste circostanze così dure, ho potuto cogliere nell'incontro con alcuni di voi – lo ripeto – una dignità ammirevole.

Ciò che più di tutto continua a interrogarmi e provocarmi, perché mi mette di fronte alla mia pochezza, è la fede straordinaria che anima la vostra speranza. Una speranza salda anche di fronte a un futuro che si presenta come sospeso, incerto.

Come europeo mi sento in grave colpa, in difetto, nei vostri confronti, così come nei confronti dei moltissimi morti e dei milioni di profughi della Siria.

Quanto noi cristiani della ricca Europa siamo capaci di guardare alla vostra testimonianza, alla fecondità della vostra fede, alla capacità di preghiera che manifestate?

Era quasi mezzanotte quando – durante il viaggio in Libano – sostammo al santuario di Harissa dedicato a Maria: mi colpì molto sia scoprire che questo luogo di culto è sempre aperto, ventiquattr'ore su ventiquattro, sia vedere la folla di fedeli pigiati, nel cuore della notte, per pregare la Madonna

La mia preghiera è che questi incontri ravvivino in me quella domanda di conversione e di cambiamento che purtroppo avverto sempre troppo lontana dal mio cuore. E soprattutto vorrei essere capace di comunicarla a tutti i fedeli che la provvidenza mi ha affidato.

Ci siamo attivati dal punto di vista umanitario per sostenervi, abbiamo inviato fondi e mezzi e continueremo a impegnarci, anche se siamo consapevoli che i nostri aiuti restano inadeguati ai vostri bisogni.

Ma il compito più importante a cui la vostra testimonianza ci invita è comprendere cosa significhi accettare di offrire la propria vita a Cristo in una prova così radicale, sin dentro la persecuzione. Per molti di voi la prova è diventata martirio, per molte famiglie è la sofferenza quotidiana, per molti bambini e ragazzi è l'impossibilità di continuare ad andare a scuola.

Soltanto la riscoperta del valore autentico e potente della comunione cristiana può rispondere alla vostra drammatica condizione di bisogno.

A chi governa spetta il compito di prendere le decisioni necessarie e ridisegnare con sapienza le relazione fra tutte le realtà mediorientali, anche superando una concezione dei confini che fu – oggi possiamo dirlo – meccanica e arbitraria.

A politici ed esperti di geopolitica tocca pronunciarsi su come fermare la tragedia rappresentata dall'Isis e dagli altri fondamentalismi violenti che costituiscono una minaccia grave per l'umanità intera.

A noi cristiani spettano anzitutto la preghiera e la solidarietà. Ma tutto ciò sarebbe poca cosa se non passasse attraverso quella *metanoia*, quel cambiamento che deve condurre ciascuno di noi, qui e ora, a riappropriarsi di quello che l'apostolo Paolo chiama «il pensiero di Cristo» (1Cor 2,16), la mentalità di Cristo, il Suo sguardo sulla realtà e il Suo criterio di valutazione.

San Massimo il Confessore, riprendendo questa espressione paolina, afferma che avere «il pensiero di Cristo» significa pensare secondo Cristo, ma soprattutto «pensare Lui attraverso tutte le cose»: questo è il senso dell'incarnazione, questo è il genio cristiano. Questo è ciò che noi, in Occidente, rischiamo di smarrire quando viviamo – anche se pratichiamo la fede – come spezzati in due: da una parte il gesto della partecipazione domenicale alla messa, dall'altra una vita condotta secondo il pensiero del mondo. Un pensiero che Gesù ha tanto duramente condannato e che, non dobbiamo scandalizzarcene, emerge sistematicamente anche in noi, proprio come emerse in Pietro e negli apostoli, quando a causa della loro fragilità cercavano di ridimensionare Gesù e ricondurlo alla loro misura.

Dobbiamo ritrovare uno sguardo e un giudizio sulla realtà che derivi da un rapporto genuino, profondo e fiducioso con Gesù, così come l'ho visto nel vostro pregare, così come l'ho riconosciuto nei vostri bambini: Gesù è centro affettivo dell'esistenza da cui si genera una capacità di annuncio del Vangelo, Parola che libera.

Con questi sentimenti voglio esprimervi la mia vicinanza e assicurarvi grande affetto di comunione insieme a tutti i fedeli, agli uomini e alle donne di buona volontà che vivono in queste nostre terre ambrosiane.

Di una cosa possiamo essere sicuri: la speranza che ho letto sui vostri volti dice che il vostro patire non è inutile.

È per un destino più certo e più grande.

Questo è il mio augurio e la mia preghiera.

Postfazione
Affetti e legami buoni

Il contenuto delle Lettere aperte, unitamente al magistero ecclesiale e alla Parola di Dio, timone insostituibile per la vita, inducono a formulare brevi considerazioni, evidenziando alcuni temi.

Le insidie

La fede cristallina di migliaia di cristiani quotidianamente esposti al pericolo, che pagano anche con la vita il loro attaccamento a Cristo, provoca molte domande sull'essere cristiani qui, nelle nostre terre. E induce a pregare – tenendo lo sguardo sul Signore – per non cedere alle insidie del Divisore. Che sono molte, come dice papa Francesco in numerose, franche omelie e nell'*Evangelii Gaudium* (EG), là dove descrive con precisione le molte forme della mondanità spirituale, «che si nasconde dietro apparenze di religiosità e persino di amore alla Chiesa» e «consiste nel cercare, al posto della gloria del Signore, la gloria umana e il benessere personale» (n. 93)[1].

Le tentazioni alle quali siamo esposti le conosciamo: sono la tentazione di diventare Chiesa autoreferenziale, che si guarda allo specchio, ora autocelebrandosi con compiacimento, ora commiserandosi (papa Francesco parla di "narcisismo teologico"); la tentazione del carrierismo e della vanagloria «di coloro che si accontentano di avere qualche potere e preferiscono essere generali di eserciti sconfitti piuttosto che buoni soldati di uno squadrone che continua a combattere» (EG n. 96). Ma anche la tentazione di «un funzionalismo manageriale, carico di statistiche, pianificazioni e valutazioni dove il principale beneficiario non è il Popolo di Dio, ma piuttosto la Chiesa come organizzazione» (EG n. 95) o quella della chiusura in appartenenze rassicuranti e autoriferite: capitò qualcosa di simile ai cristiani di Corinto e le parole di Paolo furono di secco biasimo (1Cor 1,11-13).

La fede di migliaia di cristiani che hanno perso o stanno perdendo tutto pur di non abbandonare Cristo non solo ci interroga: essa – insieme al Signore – sostiene la nostra buona lotta contro le insidie alle quali siamo esposti. È con questa buona lotta che cominciamo a onorare il sangue da loro versato.

---

[1] È quello che il Signore rimproverava ai farisei: «E come potete credere, voi che ricevete gloria gli uni dagli altri e non cercate la gloria che viene dall'unico Dio?» (Gv 5,44).

Monoteismo e violenza

Ciò cui assistiamo, in molti Paesi del mondo, è una negazione dell'amore di Dio a tutti i suoi figli che – con diverse varianti – trasforma la fede in un mezzo di distruzione che viola le libertà fondamentali e miete migliaia di vittime innocenti, non solo fra i cristiani.

Intanto, qui in Occidente, noi che guardiamo con sgomento e dolore profondo alla morte di tanti fratelli e sorelle, siamo alle prese con una negazione dell'amore di Dio che disprezza e perseguita la religione come un ostacolo da rimuovere: lo fa "in guanti bianchi" (come dice papa Francesco), con modi sofisticati, ma inequivocabilmente ostili e mortificatori.

L'accostamento di questi due fenomeni – che avviliscono su tutto il pianeta milioni di uomini e donne autenticamente religiosi – non nega la distanza che corre tra l'essere quotidianamente a rischio di perdere la vita sotto la minaccia delle armi e il non essere esposti a questo pericolo. Tuttavia, questo accostamento non è peregrino: infatti, in realtà, «il fondamentalismo religioso e il laicismo – osservava acutamente Benedetto XVI – sono *forme speculari* ed estreme del rifiuto del legittimo pluralismo e del principio di laicità. Entrambe, infatti, assolutizzano una visione riduttiva e parziale della persona umana, favorendo, nel primo caso forme di integralismo religioso e, nel secondo, di razionalismo».

Il monoteismo è stato per lungo tempo ritenuto la forma più evoluta della religione, il modo di concepire il divino più coerente con i principi della ragione. Nella cultura occidentale contemporanea, mette in luce la Commissione Teologica Internazionale in un recente documento[2], non è più così: ora il monoteismo appare dispotico e violento. La verità – anziché essere pensata «come principio di dignità e di unione fra gli uomini, che li sottrae all'arbitrio e alla prevaricazione delle loro chiusure egoistiche, indifferenti alla giustizia dell'umano che è di tutti» – è ritenuta «inseparabile dalla volontà di potenza» e «l'impegno per la sua ricerca e la passione della sua testimonianza sono viste a priori matrici di conflitto e di violenza fra gli uomini»[3]. Ciò a causa di «un pregiudizio secondo il quale, anche sul piano esistenziale e sociale, esiste un solo modo per affermare la verità: negare la libertà o eliminare l'antagonista»[4].

Questa visione del monoteismo, ritenuto una minaccia per la stabilità, il confronto culturale e il progresso delle società civili, si sviluppa sovente sulle premesse di un ateismo che vuole impiantare nella nostra cultura, come dato incontrovertibile, l'idea che Dio sia un'invenzione dell'uomo, qualcosa di rassicurante che i più deboli si creano e in cui confidano di fronte alla paura della morte e ai drammi della vita, ma di cui i "veri uomini", forti di una ragione dura e pura, devono e sanno liberarsi per un progresso umano e civile che voglia essere autentico.

---

[2] Il riferimento è al documento della Commissione: "Dio Trinità, unità degli uomini. Il monoteismo cristiano contro la violenza", pubblicato nel gennaio 2014.

[3] *Ivi*, n. 5.

[4] *Ivi*, n. 9.

In questo contesto culturale, che propaganda disinvoltamente il rapporto intrinseco tra violenza e religioni monoteiste, è *proprio il cristianesimo a essere preso di mira* come espressione esemplare dell'attitudine dispotica del monoteismo religioso. Il cristianesimo, ossia proprio la religione che, nella nostra epoca, è maggiormente vittima della violenza e si è resa protagonista autorevole e appassionata del dialogo di pace e per la pace.

Il posto vuoto e gli idoli

L'eliminazione di Dio dall'orizzonte dell'umano – sbandierata come panacea di ogni male da una rappresentanza dell'intellighenzia occidentale mediaticamente più visibile (e chiassosa) – lascia un posto vuoto che oggi è stato occupato da altro: idoli cinici e prepotenti che sono causa di diffidenza reciproca, prevaricazioni, sfarinamento del legame sociale e violenza.

Da tempo e con determinazione massima, papa Francesco stigmatizza questa nostra «economia dell'esclusione e della iniquità» che sta stritolando il mondo: essa uccide. «L'adorazione dell'antico vitello d'oro – scrive nell'*Evangelii Gaudium* – ha trovato una nuova e spietata versione nel feticismo del denaro e nella dittatura di una economia senza volto e senza uno scopo veramente umano. (…) Oggi tutto entra nel gioco della competitività e della legge del più forte, dove il potente mangia il più debole. Come conseguenza di questa situazione, grandi masse di popolazione si vedono escluse ed emarginate. Si considera l'essere umano in se stesso come un bene di consumo, che si può usare e poi gettare» (n. 53, 55).

Il dio Mammona, con il suo impianto predatorio e utilitaristico che vuol trasformare tutto e tutti in "risorse" da ottimizzare e spremere a proprio vantaggio, va sottobraccio a un pervasivo narcisismo – costruirsi da sé e per sé, senza debiti né vincoli con alcuno, godendo solo di sé – che mina nelle fondamenta i legami buoni che ci tengono in vita e inquina, stravolgendolo, persino il comandamento del Signore di «amare il prossimo come se stessi». L'interpretazione che ha cominciato a circolare, infatti, è che l'amore di sé (quel "volersi bene" e "star bene con se stessi" che è diventato l'ossessionante *diktat* delle ricche società occidentali) è il presupposto necessario all'amore per l'altro. È falso. Il Figlio non ha vissuto secondo questo principio.

A ciò si aggiunge l'arroganza di quelle scienze che pretendono di descriverci come macchine programmate e protese soltanto all'egoistica soddisfazione dei nostri bisogni, abitate da un desiderio che è spontaneamente solo possessivo, autocentrato e dominatore. Scienze che pretendono di ridurre le espressioni dell'umano e le nostre parti spirituali migliori a funzioni biologiche, determinate e condizionate da manciate di cellule e di geni.

Nelle terre d'Occidente la promessa al popolo è felicità e godimento, la realtà è la semina mortifera di smarrimento, rassegnazione, aggressività, solitudine, angoscia. Una semina che lascia sul campo anime ferite e grava minacciosa sulle incolpevoli generazioni appena arrivate: delle quali siamo responsabili.

La rivelazione cristiana

In relazione alla violenza religiosa e all'accanimento violento contro la religione, si possono evidenziare tre aspetti, in particolare, dell'inedito sorprendente della rivelazione cristiana.

Il primo: il cristianesimo dice: se vuoi sapere com'è Dio, che nessuno ha mai visto, guarda Gesù, guarda la vita dell'uomo di Nazaret. A Giovanni Battista che, perplesso, domandava: «Sei tu colui che deve venire?», Gesù risponde puntando l'indice su una scena: «I ciechi riacquistano la vista, gli zoppi camminano, i lebbrosi sono purificati, i sordi odono, i morti risuscitano, ai poveri è annunciata la buona novella» (Lc 7,18-23).

La giustizia dell'*Abbà* di Gesù si manifesta inequivocabilmente nei gesti di liberazione dal male e nel riscatto della speranza perduta. Dio non è il faraone potente che può decidere di regalarci un patrimonio o farci morire, artefice del nostro bene come del nostro male: questa è piuttosto la tentazione dell'uomo (fuori e dentro la religione) che immagina e sospetta un Dio prevaricatore, le cui intenzioni sono indecifrabili. Nel nome di Dio Gesù compie *solo* gesti di liberazione dal male (e non c'è legge del sabato che tenga). È la cura dell'altro l'intenzione e la passione con le quali l'*Abbà* di Gesù vuole essere identificato. Gesù mostra inequivocabilmente che questa cura tenera e fedele, che strappa dalla disperazione e sana le ferite e le molte forme dell'avvilimento, è destinata *a ogni creatura,* qualunque sia il popolo e la religione di appartenenza.

Secondo aspetto: nel cristianesimo i due comandamenti che ne costituiscono il fulcro – l'amore di Dio e del prossimo – sono saldati e *inseparabili*: il secondo comandamento è posto da Gesù *all'altezza del primo*, con cui forma un'unità indissolubile. Sulla quale saremo giudicati: «"Signore, quando ti abbiamo visto affamato e ti abbiamo dato da mangiare, assetato e ti abbiamo dato da bere? Quando mai ti abbiamo visto straniero e ti abbiamo accolto, o nudo e ti abbiamo vestito? E quando mai ti abbiamo visto malato o in carcere e siamo venuti a visitarti?". E il re risponderà loro: "In verità io vi dico: tutto quello che avete fatto a uno solo di questi miei fratelli più piccoli, l'avete fatto a me"» (Mt 25,37-40). Giovanni sintetizzerà questa unità scrivendo: «Se uno dice "io amo Dio" e odia suo fratello è un bugiardo. Chi infatti non ama il proprio fratello che vede, non può amare Dio che non vede» (1Gv 4,20).

Questa originale unità, che ha fecondato la storia umana, «stabilisce il grado di autenticità della religione. Di ogni religione. E anche di ogni presunto umanesimo, religioso o non religioso».[5]

Infine, il terzo aspetto è l'autoconsegna di Gesù che avviene nell'Orto degli ulivi, al momento drammatico della sua cattura. In quella notte si sarebbe potuta scatenare una carneficina, ma niente di tutto ciò è accaduto. Quando i soldati e le guardie arrivano e lo cercano per arrestarlo, Gesù, circondato dai suoi discepoli, si fa avanti e dice: «Sono io Gesù il Nazareno. Se dunque cercate me, lascia-

[5] *Ivi*, n. 17.

te che questi se ne vadano» (cfr. Gv 18,1-9). Gesù aveva detto loro che ognuno avrebbe dovuto portare la croce e seguirlo, però intanto, in quel momento, egli stesso li mette al riparo.

«L'*Abbà* – scrive il teologo Pierangelo Sequeri – non ricorre al sacrificio dell'altro per affermare la propria verità nel mondo. Impedire che egli sia equivocato su questo punto è la passione di Gesù. In vita e in morte. Offrendosi all'ingiusta condanna degli uomini, Gesù sottrae all'esito cruento del conflitto in nome di Dio *tanto i discepoli quanto i carnefici. Lui solo* muore: ed è così che, persino in quell'estremo frangente, egli salva la loro vita. *È questo il genio della redenzione cristiana.* Nel gesto della consegna di sé al supremo sacrificio, che risparmia il sangue dei discepoli e degli oppositori, risplende la radicale potenza dell'amore di Dio».

Passione indefettibile del Figlio, inchiodata sulla croce, sigillata nella risurrezione e nell'ascensione, è la riconciliazione degli uomini con Dio e fra loro. Il cristianesimo riconosce e si aggrappa a Gesù che «è la nostra pace, colui che di due ha fatto una sola cosa, abbattendo il muro di separazione che li divideva, cioè l'inimicizia, per mezzo della sua carne. Così egli ha abolito la Legge, fatta di prescrizioni e di decreti, per creare in se stesso, dei due, un solo uomo nuovo, facendo la pace, e per riconciliare tutti e due con Dio in un solo corpo, per mezzo della croce, eliminando in se stesso l'inimicizia. Egli è venuto ad annunciare pace a voi che eravate lontani e pace a coloro che erano vicini. Per mezzo di lui infatti possiamo presentarci, gli uni e gli altri, al Padre in un solo Spirito» (Ef 2,14-18).

Un *tempo favorevole*

Ci si potrebbe domandare: come qualificare il tempo che stiamo vivendo? Potrebbe configurarsi come un "tempo favorevole"? La Chiesa mostra di esserne persuasa quando dichiara: «In questa fase storica il cristianesimo è posto – ed esposto – come un punto di riferimento globale e inequivocabile per la denuncia della radicale contraddizione di una violenza fra gli uomini esercitata nel nome di Dio. In quanto tale, è chiamato a purificare e a rinvigorire il suo *ministero di riconciliazione* fra gli uomini: siano essi religiosi o anche non religiosi»[6].

Sappiamo che i successori di Pietro non sono stati reticenti nel riconoscere le ombre che gravano sul passato del cristianesimo, domandando umilmente perdono e invitando a purificare la memoria: si pensi alle parole di Giovanni Paolo II in occasione dell'ultimo Giubileo e a Benedetto XVI che ad Assisi dichiarava con limpida concisione: «Sì, nella storia anche in nome della fede cristiana si è fatto ricorso alla violenza. Lo riconosciamo pieni di vergogna». Poi aggiungeva: «Ma è assolutamente chiaro che questo è stato un utilizzo abusivo della fede cristiana, in evidente contrasto con la sua vera natura».

Il fermo congedo della Chiesa dalla violenza religiosa ha il tratto della svolta epocale, e «la forza di un seme destinato a produrre speciali frutti nella nostra epoca»[7]. Il cristianesimo è nella condizione di sostenere, accompagnare e in-

---

[6] *Ivi*, n. 63.
[7] *Ivi*, n. 65.

coraggiare milioni di uomini e donne religiosi, a qualunque popolo appartengano, che vogliono restare saldi nella loro fede e fronteggiare la corruzione dell'esperienza religiosa (perché tale è il ricorso alla violenza nel nome di Dio).

Allo stesso tempo il cristianesimo, vinta ogni ambigua giustificazione religiosa della violenza, è nella condizione di elaborare anche la critica della violenza anti-religione, aiutando, accompagnando e incoraggiando milioni di uomini e donne che in tutto il mondo vogliono fronteggiare gli idoli e restare – fieramente e ostinatamente – "umani".

In questo passaggio della storia, i cristiani ingiustamente perseguitati, che restano saldi in Cristo fra mille tribolazioni sino a dare la vita, con la loro testimonianza cristallina, espressione indisgiungibile di fede e di *agape*, mostrano il volto luminoso, pulito e fecondo del cristianesimo. Ci unisce a loro un legame speciale, che appare incandescente nelle Lettere aperte, intessute di preghiera e affetto, dolore e gratitudine, ammirazione e sostegno, volontà e richiamo a non abbandonarli all'ingiustizia. Siamo davvero membra di un solo corpo, come scrive l'apostolo Paolo (1Cor 12,12-26).

Noi cristiani d'Occidente con commozione ci scopriamo portati e sostenuti dal loro sacrificio, dalla loro vita passata attraverso il fuoco delle tribolazioni. E sappiamo di avere *la nostra parte da fare*: con fede e *agape*, mettendo al bando tiepidezze, rassegnazioni o futili lamentele per cose da poco. Nessuno è solo: né loro, né noi: siamo sempre preceduti da Lui, che vuole *tutti* salvi. Sempre, il nostro, come il loro, è un "lavoro" *a favore di terzi*, per i quali il Signore ha passione e compassione: il semìno della fede di ognuno, infatti, ci incorpora nel dinamismo dell'amore di Dio a tutti i suoi figli, che attendono segni di Lui.

Ciò ha una precisa, inevitabile conseguenza: Benedetto XVI, dopo aver spiegato che il martirio e la vocazione al martirio «non sono il risultato di uno sforzo umano, ma sono la risposta ad una iniziativa e ad una chiamata di Dio, sono un dono della sua grazia, che rende capaci di offrire la propria vita per amore a Cristo e alla Chiesa, e così al mondo», affermava: «Probabilmente noi non siamo chiamati al martirio, ma nessuno di noi è escluso dalla chiamata divina alla santità, a vivere in misura alta l'esistenza cristiana e questo implica prendere la croce ogni giorno su di sé».

Le opere di agape

Possiamo e dobbiamo farla, la nostra parte, in molti modi. Una via, a me pare, è seminare e continuare a seminare, nelle situazioni comuni del nostro vivere, nelle giornate ordinarie che conduciamo, le forme elementari della vita cristiana, uno stile di vita e legami di affetto e di cura che fanno la differenza cristiana. Seminare senza l'ossessione dell'efficienza e dell'efficacia[8], senza l'enfasi e la retorica della passione militante, rendendo evidente a tutti, con

---

[8] In un contesto governato dalle leggi del mercato, che spinge a ottimizzare energie e risorse e premia efficienza e risultati, esiste la tentazione di farsi sopraffare dall'ansia del raccolto che fa perdere la letizia della semina affidataci dal Signore, dimenticando sia che «uno semina e l'altro miete» (Gv 4,37) sia il dispendio del Seminatore, che prima di gettare il seme non seleziona i terreni (Mc 4,1-20).

semplicità, la nostra ospitalità affettuosa e "Chi è" colui che ci ha trovato e che ci manda, vasi di coccio quali siamo, "Chi è" colui nel quale riponiamo la nostra fede, la nostra speranza e il nostro amore: Gesù, il Figlio morto e risorto, che riconosciamo come pane necessario e insostituibile.

Ciò che tiene in vita gli esseri umani, e noi per primi, passa attraverso atti, gesti del corpo[9], parole, pensieri che siamo tentati di qualificare come "minimi", "piccole cose" perché attengono alla vita quotidiana, alla vita che è di tutti: in realtà lì si accende qualcosa di immenso, che trasmette *il calore della presenza di Dio*. Sono le infinite forme della custodia, dell'accudimento e della dedizione affidabile che ciascuno compie e può compiere nell'arco di ogni singola giornata, affetti e legami buoni – a cominciare da quelli familiari, nucleo caldo di questa semina[10] – che sono incanti quotidiani: mediaticamente invisibili, esistenzialmente decisivi. Il Signore è di lì che passa: se guardiamo da un'altra parte, aspettando eccitanti effetti speciali, eventi grandiosi, imprese epiche, ce lo perdiamo. Il cristianesimo ha cominciato così la sua storia, con minuscole comunità, vulnerabili e imperfette, che – fondate sull'Eucaristia, sostenute dal Signore al quale si affidavano – hanno trasmesso il calore della presenza di Dio custodendosi fra loro e accogliendo e risollevando la vita di

---

[9] Uno sguardo, un sorriso, un tono di voce, un abbraccio: noi viviamo di queste cose. Pensiamo solo a cosa hanno rappresentato gli sguardi di Gesù per i discepoli e le folle.

[10] «La formazione interiore della persona e la circolazione sociale degli affetti – sottolineava papa Francesco in una recente udienza – hanno proprio lì – nella famiglia, *nda* – il loro pilastro».

quanti trovavano sul loro cammino: senza fare distinzione fra persone, popoli e nazioni.

Immersi in un contesto culturale che indica la cura ossessiva di sé, l'indipendenza da ogni vincolo e l'ottimizzazione del godimento come strategia di felicità e vuole arrogantemente convincerci dell'inutilità delle migliori passioni della vita, riprendiamoci – se stanno venendo meno – l'orgoglio e la gratitudine, l'umiltà e la passione per questa *entusiasmante* alleanza-amicizia, per questa complicità nella generazione offerta dal Signore, che nell'*agape* dell'atto creatore ha voluto irrevocabilmente affidare la custodia e la cura creativa e generativa del mondo a noi esseri umani (all'*alleanza* dell'uomo e della donna), pur così piccoli e svelti nel tradire la consegna.

In questa "domestica" sequela del Vangelo, nelle opere quotidiane di *agape*[11] che ci vedono affinare e spendere le nostre qualità migliori *per altri* affinché siano felici e compiuti (è a questo che sin dall'inizio sono destinate), nei molti modi in cui ogni giorno generiamo l'umano con dispendio e sacrificio di noi[12], preceduti dalla mano forte e discreta del Signo-

---

[11]   È quell'*agape* sul quale verremo giudicati, che costituisce il "mattone primario" del nostro essere perché capace di oltrepassare la morte e restare per la vita eterna. È ciò che di noi passerà "di là".

[12]   Mi domando: non sarà che forse quando papa Francesco invita la Chiesa, ossia tutti noi, a essere "in uscita" è *anche* a questo che si riferisce? Ossia *uscire dall'idea* che la buona testimonianza, la sequela evangelica si risolva nelle attività caritative e formative (preziose, importanti e *indispensabili*, s'intende!), che impegnano programmaticamente la parrocchia/associazione/gruppo/movimento al quale apparteniamo? Non dovremo invece vigilare sul tempo e sulla vita che stanno "fuori" dall'orticello predisposto e selezionato in funzione dei nostri progetti, per non perdere mai di vista la vita che ci viene incontro nel quotidiano non atteso, non programmato,

re, ci scopriamo forti, compiuti, felici, all'altezza del nostro essere *umani* (e anche, non di rado, sfiniti, inutile negarlo). Giorno dopo giorno, l'attaccamento costante e fiero a ciò che rende degna la vita, questo tenerci d'occhio gli uni gli altri e darci una mano, attenti a chi non ce la fa più, questo dividere e far circolare lietamente le cose buone, le invenzioni migliori dello spirito, i fondamentali dell'umano, diffonde profumo di Vangelo, energia di affetti veri; risolleva, incoraggia e restituisce vita e vigore agli animi prostrati dalle prepotenze e dagli avvilimenti, così come agli animi abbagliati dagli idoli e assuefatti all'indifferenza e al narcisismo. Le cose dell'amore rammendano il mondo, lo migliorano, lo abbelliscono rendendolo una casa in cui è bello per tutti abitare.

Questa semina appassionata e tenace è abbondante, coinvolge nel mondo milioni di uomini, donne e bambini[13]: questa generosità da sempre – e anche ora – impedisce al mondo di sprofondare e continua a tenere in vita anche noi, disegnando la trama segreta e indistruttibile della storia. La generazione di questi quotidiani miracoli dell'*agape* è nel grembo stesso di Dio.

Chi ha pane e pesciolini li porti. Ci penserà Lui a moltiplicare.

---

non predisposto, eppure reale, nel quale viviamo *come tutti* e *con tutti*? Le persone vicine e lontane che Dio mette sulla nostra strada, in altre parole: e non solo quelle che noi abbiamo programmato di raggiungere e accudire. Quelle che non rientrano negli obiettivi, insomma. Perché se perdiamo questa attenzione, il nostro mondo diventerà piccolo, si chiuderà su se stesso. E non è sicuro che il Signore rimanga dentro.

[13]   Non solo cristiani: «Dio non fa preferenza fra persone, ma accoglie chi lo teme e pratica la giustizia, a qualunque nazione appartenga» (At 10,34-35).

Indice

Ringraziamenti della curatrice

Desidero esprimere sentita gratitudine agli autori delle Lettere per la loro generosa partecipazione.

Un ringraziamento sincero a Giuseppe Caffulli, direttore delle Edizioni Terra Santa, che ha accolto con entusiasmo il progetto di questo libro, e a Roberto Orlandi per la cura con cui ne ha seguito la pubblicazione.

Della stessa collana:

Colloqui su Gerusalemme
Giuseppe Caffulli (a cura di)

Gerusalemme è l'ombelico del mondo. Così la definisce il profeta Ezechiele (38,12). Questo libro raccoglie alcuni sguardi su Gerusalemme: uomini di fede, poeti e scrittori, chi a Gerusalemme ha vissuto e chi la contempla da lontano, chi lavora per la Gerusalemme terrena e chi attende quella celeste. Un modo originale, personale, di entrare nel mistero della Città in cui tutti siamo nati (Salmo 87).

Interviste a: Enzo Bianchi, José Rodriguez Carballo, Franco Cardini, Andrea Cordero Lanza di Montezemolo, Erri De Luca, Stanislaw Dziwisz, Amos Luzzatto, Carlo Maria Martini, Alda Merini, Gianfranco Ravasi, Andrea Riccardi, Michel Sabbah, Pietro Sambi, Angelo Scola, Achille Silvestrini, Susanna Tamaro, Dionigi Tettamanzi.

Pagine: 184 | Prezzo: euro 15,00

Messaggero di riconciliazione
Lo storico viaggio di Benedetto XVI in Terra Santa
Carlo Giorgi (a cura di)

Terzo papa a visitare la terra di Gesù, dopo Paolo VI e Giovanni Paolo II, Benedetto XVI ha caratterizzato il suo viaggio nel segno della pace e della riconciliazione tra popoli, fedi e culture, in un momento certamente non facile per tutto il Medio Oriente. Questo volume raccoglie la cronaca dei giorni della visita, gli interventi principali del Papa, oltre a interviste e testimonianze degli altri protagonisti e della gente comune in Giordania, Israele e Territori Palestinesi.

Pagine: 168+12 a colori | Prezzo: euro 16,50

2011. L'anno che ha sconvolto il Medio Oriente
Manuela Borraccino

Il 2011 passerà alla storia come l'anno che ha sconvolto gli assetti di gran parte del Medio Oriente. Il libro ripercorre gli eventi secondo due precise prospettive.

La prima è geografica: Tunisia, Egitto, Siria e Palestina sono le realtà analizzate più da vicino. La seconda prospettiva è quella delle comunità cristiane che vivono in una condizione di stretta minoranza in contesto islamico. Accanto al racconto degli eventi e a utili schede di inquadramento storico-geografico, il libro raccoglie interviste e testimonianze dei protagonisti e dà voce finalmente ai cristiani mediorientali, raccontando trepidazioni e speranze di una comunità alle prese con una difficile transizione e con la crescita dell'islam politico.

Pagine: 246 | Prezzo: euro 18,50

Latte miele e falafel
Un viaggio tra le tribù di Israele
Elisa Pinna

Israele è un Paese dai mille volti, un coloratissimo "mosaico umano" che tuttavia, ancora oggi, rimane nel complesso poco conosciuto, quasi "nascosto" dietro le ombre del conflitto israelo-palestinese. Lungi dall'essere una società monolitica sotto l'aspetto religioso, etnico o politico, ospita tante "tribù", ciascuna con proprie peculiarità.

Elisa Pinna traccia una panoramica di queste componenti (spesso minoritarie): dagli ebrei ultraortodossi agli abitanti dei *kibbutz*, dai coloni alle comunità di immigrati, dai drusi ai cristiani di espressione ebraica.

Pagine: 240 | Prezzo: euro 16,90

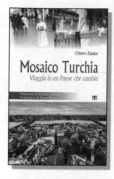

Mosaico Turchia
Viaggio in un Paese che cambia
Chiara Zappa

«Questo libro è una guida preziosa, che ci accompagna con intelligenza fra le onde agitate e spesso ambigue di quel continente affascinante e insieme oscuro che è la Turchia odierna, la nazione orgogliosa e – apparentemente – compatta che e nata novant'anni fa dalle ceneri del dissolto impero ottomano. In realtà, la Turchia è un mosaico: e questo non tanto per la sopravvivenza, al suo interno, di quelle ormai esigue minoranze cristiane (armeni, greci, siriaci) che apparivano fino a qualche tempo fa addirittura vicine alla totale estinzione, ma per la presenza delle numerose minoranze musulmane come i curdi e gli aleviti. (...) Agile, aggiornata e ricca di informazioni di prima mano, l'opera di Chiara Zappa si distingue per l'affabile, accattivante limpidezza dell'esposizione, divisa in capitoli dai titoli attraenti e intriganti, che invogliano il lettore a entrare in questo vasto panorama dai mille volti e dalle mille voci».
(dalla Prefazione di Antonia Arslan).

Pagine: 160 | Prezzo: euro 14,90

CUSTODIA
TERRÆ
SANCTÆ

A CAUSA MIA

Una mostra e un libro per non
dimenticare i cristiani perseguitati

IL PROGETTO

A CAUSA MIA. I cristiani in Medio Oriente, tra persecuzione e speranza

Una mostra in 20 pannelli che racconta
la drammatica situazione in cui vivono
le comunità cristiane mediorientali,
ma anche le storie di chi percorre,
con fatica e speranza, la strada del dialogo.

MA NON VINCERÀ LA NOTTE. Lettere ai cristiani perseguitati

Un volume che raccoglie le lettere che
diciotto personalità della Chiesa italiana
inviano idealmente ai cristiani che
vivono la sofferenza e la persecuzione.

**PER INFORMAZION
E PRENOTAZIONI:**

Tel. 02.34.59.26.79
eventi@edizioniterrasan
www.fondazioneterrasa
www.mostrediterrasan